好好放鬆

打造幸福感的閒暇練習

根本裕幸—著

忙しすぎて辞める人。暇すぎて病める人。

江宇婷—譯

前言

~什麼是閒暇？~

論及「閒暇」，各位會產生怎樣的印象呢？

查了一下辭典，上頭寫著「無事可做的時間、多餘的時間」之類的解釋，口語上也常會說「太閒了好無聊」等等。

各位喜歡閒暇時間嗎？還是覺得討厭呢？

曾有人來找我諮詢過下列這樣的事例：

「行程如果沒有排得滿滿的，我就會很不放心，一旦出現沒有任何安排的日子就會感到不安。」

這是一位普通ＯＬ的心聲，我深入詢問下去之後才得知，對方認為：「如果出現閒暇時間，就會覺得沒有人需要自己而感到不安，這讓我越想越多感覺都快瘋了。所以即使是安排不感興趣的事情也可以，總之行程要排得滿滿的我才會放心。」

看樣子我們只要一有空閒就會胡思亂想。反過來說，或許也能解釋成「就是因為太閒了才會胡思亂想」。

這好像讓人覺得有點一針見血呢。

另一方面，若是熱中於自己想做的事情及喜歡的事情，就不會產生「很閒」的念頭。因為一旦空出時間就會樂於投身想做的事情當中，根本閒不下來。

就忙碌這點來說，乍看之下跟剛才那位ＯＬ很像，但在心情上卻截然不同。因為是在做自己喜歡而且想做的事，因此會流露開朗的表情，也感到很充實，並做得相當開心，跟她那種散發出悲愴又鑽牛角尖的形象大相逕庭。

明明同樣沒有「閒暇」的時間，感受卻完全不一樣呢。

另外，像我偶爾會遠離日常生活，跟家人一起去旅行，不過我通常不太會到處觀光，而是悠悠哉哉地待在旅館裡。但是，那種時候我卻不會覺得「好閒啊」，而是有自己「確實正在放鬆」的感受。

照這樣看來，在我們的認知裡「很閒」跟「很悠哉、很放鬆」是不一樣的。

不過在我的學生時代，常會覺得「沒什麼想做的事，好閒」。我記得自己當時還會向朋友抱怨：「欸，有沒有什麼事可以做啊？我超閒的耶。」徒然有著漫長的時間，但真的閒到發慌。由於後來在人生中就鮮少有這樣的感受，因此當時的印象格外深刻。

如此一來，究竟什麼叫做閒暇呢？

本書便是在探討「何謂閒暇？」、「該如何與閒暇共處？」這樣的主題。

閒暇會讓人感到無聊、衍生出苦惱，卻也能成為讓人生更加充實的「從容」。

從二〇二〇年開始，在全世界鬧得沸沸揚揚的新冠肺炎疫情讓我們的生活形式產生巨大的變化。想必有很多人因為大幅減少了通勤、拜訪客戶之類的機會，而在生活中多出了許多時間吧。

然而對不少人來說，那些時間卻變成空閒，並產生了負面的作用。

在這兩年當中，我也聽到不少「儘管內心想利用多出來的時間去學點東西，考個證照也好，卻無所事事地上網東看西看，時間就浪費掉了」的心聲。

這段閒暇時間，如果會像開頭介紹的那位ＯＬ一樣，造成折磨我們內心的結果，我們可能也要好好重新學習「與閒暇相處」的方式。

據說勤奮的日本人，本來就不善於運用閒暇時間，要是像歐美文化那樣得到長達幾星期的假期，就會感到無所事事。

希望各位可以透過本書，審視自己與閒暇的相處方式。

二〇二二年五月　**根本裕幸**

Contents

前言 003

第一章 平常都是如何度過閒暇時間？

「忙到辭職的人」有得到幸福嗎？ 015
何謂「閒暇」？～思考與「浪費時間」之間的差異～ 019
何謂「閒暇」？～思考與「無聊」之間的差異～ 021
我們討厭從閒暇中產生的無聊 023
容易覺得閒暇是負面的十一種情況 025
煩惱是大格局的「消磨時間」方式 034
只是填補空閒，也無法充實內心 038
如何積極利用閒暇？ 040
只要提升自我肯定感，再閒也不會覺得無聊 048
閒暇也能「充實內心」 050

第二章 良性消遣及惡性消遣

各位是如何度過閒暇時間的呢？ 055
閒暇時有沒有在欺負自己呢？ 057
容易欺負自己的情感背景為何？ 059
如果堆積了壓力跟疲勞，提不起氣力也是理所當然 069
明明很閒，為什麼看YouTube出現五秒的廣告也會覺得煩躁呢？ 071
一有空閒時間，先跟自己的內心對話 073
如果有個目標或夢想，就會湧現「想做的事」 076
把現在的閒暇用在將來的目標或夢想上 077
找不到夢想或目標時的八種心理因素 081
抱持夢想或目標的方法❶ 排除心理因素 087
抱持夢想或目標的方法❷ 認真處理眼前的事情 094
抱持夢想或目標的方法❸ 鼓勵正在努力的人 095
試著管理閒暇的行程 097
為了達成「良性的消遣」，每天都要確認壓力程度 100

用主動的心態，去看消磨時間時常會用到的社群平臺 104
處理單調作業時的心理狀態最適合消磨時間 106

第三章 了解「閒暇時會想太多」的原因

空閒時總是會不禁去想些無謂的事的理由 111
想太多的理由❶ 以他人為中心，想要一直回應別人的期待 117
想太多的理由❷ 以他人為中心，但是自尊心高 119
想太多的理由❸ 以他人為中心，陷在理想主義之中 121
想太多的理由❹ 以他人為中心，認為錯在自己 123
想太多的理由❺ 以他人為中心，自我肯定感低落 125
不能一直想去解開沒有正確答案的問題 128
再怎麼想也不會超出自己的思考範疇 130
想再久也不會有任何改變 134
在想個不停的背後，說不定隱藏著「不想感受到的情感」?! 138
想太多的人的思考習慣❶ 跟過去比較 140

想太多的人的思考習慣❷ 太在意未來 143
想太多的人的思考習慣❸ 與他人比較 146
獨自想太多，也只會徒增嚴重性 150
只要想「算了啦」，大多事情都能順利進行 153
管理想太多的時間，省下浪費的時間 156

第四章 以自我為中心思考的時間管理方法

教會你找出最適合自己的人生志業

平時多用點心以確立自我中心 163
確立「自我中心」訓練❶ 不斷默念「我是我，別人是別人」這句咒語 164
確立「自我中心」訓練❷ 捫心自問「我想怎麼做？我想要什麼？」 165
確立「自我中心」訓練❸「欸，〇〇，你現在想做什麼呢？」這樣問自己 167
確立「自我中心」訓練❹「接受」並「理解」自己的心聲 169
在照顧心靈時創造出「享受當下」的想法 171

「享受當下」心靈照護法❶ 確保睡眠時間 173
「享受當下」心靈照護法❷ 內心的煩悶在當天就排解出來 174
「享受當下」心靈照護法❸ 注意飲食 178
「享受當下」心靈照護法❹ 每天做點輕度運動 179
「享受當下」心靈照護法❺ 身體保持溫暖 180
「享受當下」心靈照護法❻ 每天留點時間做自己喜歡的事 182
「享受當下」心靈照護法❼ 解放情緒 183
那就來享受當下吧！ 185
覺得閒暇是一份恩惠的「人生志業」，是什麼樣的生活方式？ 188
設計出會讓自己感到幸福的人生志業 191
設計人生志業❶ 新冠疫情教會了我們什麼？ 191
設計人生志業❷ 如何在「工作與金錢」、「伴侶關係與家庭」、「興趣」之間取得令人舒適的平衡？ 194
設計人生志業❸ 自己現在都把價值放在哪裡？ 195
設計人生志業❹ 現在理想中的住家是怎樣的格局？ 202
設計人生志業❺ 老實寫出喜歡或討厭、擅長或不擅長的事 204

設計人生志業❻　長年以來抱持的苦惱及問題是怎樣的事情？　208
設計人生志業❼　你想在自己的墓碑上刻下怎樣的墓誌銘？　212
設計人生志業❽　設計自己的人生志業　214
活出有自己風格的人生志業　216
一旦有了人生志業，閒暇時間就會全部貢獻給它　220
後記　222

第 1 章

平常都是
如何度過閒暇時間？

「忙到辭職的人」有得到幸福嗎？

這兩、三年來，我們身處的環境產生了很大的變化，應該有許多人藉此審視起自己的生存方式、工作方式，以及生活態度。

就環境變化來說，想必有滿多人因為改成居家辦公而省下通勤時間，所以空閒時間便相對增加。此外，應該也有不少人是從忙碌的職場抽身，轉而投入自由時間比較多的工作之中。

無論離職、改為居家辦公，還是多虧疫情而降低加班時數，在此想對多出一段閒暇時間的人問上一句：

你覺得自己變幸福多少呢？

我的工作是透過心理諮商傾聽客戶的煩惱，並提出排解煩惱的方法。

工作上，**我經常遇到「忙到生病的人」**。而且在那之中，有些人為了追求不會過於繁忙的環境而**從公司離職，變成「忙到辭職的人」**。

如果忙碌到影響身心健康，那麼「辭職」是個好的選擇。

然而**現實中，有些「辭職的人」從繁忙工作中得到解放之後，卻不一定就能變得幸福。**

確實會因此得到大量的空閒時間，但有些時候也可能會把那段空閒時間用來自我譴責或思考各種事情，結果反而沒有產生任何向前邁進的念頭。

我常說：「Hard worker，也就是工作過頭的人，並不單指那些工作時數很長的人而已，下班後的私人時間也依然滿腦子都是工作上的事的那種人也算。」

同樣地，因為忙過頭而辭職之後，就算實際上有多出空閒時間，但若還是一直忙著東想西想，就稱不上是從忙碌中得到解放。因為就算沒有做出「去公司上班」這個動作，腦袋還是一樣忙於思考很多事情。

換句話說，**也不是擁有許多「閒暇時間」就能感到幸福。**

反而有不少人因此變得更常獨自鑽牛角尖地想事情，導致身心出現狀況。

忙到把身體搞壞而離職之後，明明多出了許多空閒的時間，但情況反倒更加惡化的人不在少數，更遑論改善。

這些人或許是因為不曉得該如何運用「閒暇時間」。

話說回來，人為什麼只要一忙起來，心理就會生病呢？

原因就在於，**那會讓精神跟肉體長期處於「沒有餘裕」的狀態之中。**缺乏餘裕的狀態下，內心常會感受到壓力。以工作來說，除了分內工作跟業績目標之外，他人的眼光及評價有時也會給內心帶來負擔，對吧？

如此一來，內心就會處於緊繃的狀態。

這種狀態就是所謂「橡皮筋一直撐開繃著的狀態」，各位應該都知道最後會變成怎樣吧？儘管橡皮筋都普遍具備彈性，但要是一直撐著就會縮不回來，心也是一樣。

所以如果一直忙個不停，心就會像撐開太久的橡皮筋一樣，無法恢復原狀。

既然無論太忙或太閒都會讓人變得「情緒不穩」的話，我們又該如何是好呢？

首先，就從各個角度來審視「閒暇」這件事吧。

何謂「閒暇」？
～思考與「浪費時間」之間的差異～

對各位來說，什麼是「閒暇」呢？

對於閒暇的感受，會因為每個人的想法及認知而有所不同。

在此先深究一下「閒暇」這件事吧。

如果**必須在「閒暇時間」跟「浪費時間」之間擇一的話，各位會選擇哪一個呢？**

我想，大多數人應該會選擇前者吧。

那麼，會認為一段時間是「閒暇」還是「浪費」的差異究竟在哪裡呢？我在此舉出容易讓人覺得是在「浪費時間」的例子，並深入思考吧。

舉例來說，在工作時好不容易才整理出來的資料，卻被說「不需要了」，這時各位是否會哀嘆「整理資料的時間都浪費掉了……」呢？「努力全都白費了」的徒勞感會帶來很大的影響。

還有，約好碰面的朋友遲遲沒有出現，對方後來才說「會晚半小時到」，這個例子也會讓人覺得是「浪費時間」對吧？雖然乍看之下沒有辛勤地在做些什麼，是一段無所事事的空閒時間，但其實「等待朋友」也算是一項行動。

換句話說，會覺得「浪費時間」，是因為在採取某些行動的期間體會不到任何充實感、成就感，而且不值得又感受不到樂趣。與其要做沒有任何意義的事，我們說不定寧願選擇無所事事的「閒暇時間」。

話雖如此，若是被問起喜不喜歡空閒時間，各位又會怎麼回答呢？

讓我們再談得深入一些吧。

何謂「閒暇」？～思考與「無聊」之間的差異～

在前言中提及我們家族旅行的事，對我來說，窩在旅館裡沒有特別做些什麼，並不是「閒到發慌的時間」，而是能讓我正面解讀成「悠哉地放鬆」的寶貴時間。由於確實沒有特別做什麼事，肯定是閒暇時間，但我不會負面解讀那段閒暇。

然而，若是某一個沒有特別安排的午後，同樣無所事事地窩在家裡的話，我肯定會覺得「閒到發慌」吧。

這兩種之間究竟有著怎樣的差異呢？

窩在旅館裡之所以會讓我覺得是「悠哉地放鬆」，原因就在於我旅行的目的正是「在旅館裡好好放鬆」，因此內心會認為「窩在這裡什麼都不做，正好達成了旅行的目的！」

另一方面，在沒有特別安排的午後窩在家裡，是處於無事可做、不得已的情境之下，所以會讓我感到「好無聊」。

所謂「閒暇」是指「無事可做的時間、多出來的時間」。

我們會給「無事可做的時間（＝閒暇）」加上某種意義，若是以負面角度解讀這段時間，就會覺得「無聊」。

相反地，**若是以正面角度解讀的話，就會覺得是一段有意義的時間。**

對於閒暇時間的想法及認知因人而異。

但我們都不喜歡將閒暇作出負面解讀時，所產生的無聊感。

我們討厭從閒暇中產生的無聊

請試想有哪些「無聊的〇〇」。

「無聊的工作」、「無聊的戀人」、「無聊的對話」、「無聊的時間」、「無聊的穿搭」、「無聊的遊戲」、「無聊的電影」等等，應該可以聯想到很多。

「無聊的〇〇」是用於「覺得悶」、「無趣」的事物，會讓人感到不太開心。

就像是「都難得來到體育場了，比賽卻很無聊，早知道就不來了」、「他雖然是個認真又體貼的人，但真的很無趣，我已經想跟他分手了」這樣的情境。

我們最討厭「無聊」了。

換句話說，就是喜歡「刺激」。

這一點在個性熱情的人身上就更是顯著。

我們討厭一成不變的無聊日常，所以才會想方設法得到「刺激」。人在追求安心、安全、安定的同時，也懷著「一旦認為那等同於無聊，就會想破壞掉」的心理。

所謂「刺激」，指的是情感產生起伏的狀態。

像是心跳加速、感到不安、覺得開心、後悔不已，或是覺得有趣、雀躍、消沉、悲傷及絕望，這樣的情感波動越大，我們越會認定那是一股刺激，而不會感到無聊。

所以像是出外旅行、沉迷於有著大逆轉劇情的電視劇、想談一場秘密戀情等等，其實我們每一天都期盼著這樣戲劇化的發展。

因此，我們通常很討厭會造成無聊的空閒時間。

這也代表**很多人會負面看待可能產生「無聊」的「閒暇」。**

容易覺得閒暇是負面的十一種情況

那麼，我們會在怎樣的情況下，容易以負面的角度看待空閒時間呢？請各位回想看看覺得「好閒喔、真無聊」的情境。

- **沒有任何安排的時候**
- **沒有什麼想做的事的時候**
- **沒有熱中於某件事的時候**
- **即使有該做的事，卻提不起幹勁的時候**

或許各位還會想到其他情境。

用像這樣感受到「負面閒暇」的狀況及時機作心理分析，便可以分成下列十一種情境。

【CASE 1】平常就一直忙於「該做的事情」，偶爾產生餘裕時

每天都一直忙於工作、學業或家事等「該做的事情」的人，在日常生活中應該很少覺得「好閒啊」才是。

做完那些「該做的事情」，雖然總算可以鬆一口氣，但頓時沒了「該做的事情」而產生空閒的時候會怎麼樣呢？

因為無法立刻找到要做的事，面對徒然的空閒就會覺得閒到發慌。有些時候說不定還會覺得自己在浪費時間而感到後悔，是不是因為工作及家事太過忙碌，以致於滿腦子都被該做的事情給控制了呢？

【CASE 2】習慣有計畫地行動的人，為了填補空閒時間而安排行程時

平常就是思考相當有條理的人，會有「這個時間就做這件事」這樣

擬定好計畫的傾向。已經經過思考並做好時間管理，但還是得知會有一段空閒時間時，為了填補那段時間，有時就會勉強安排一件「要做的事」。

表面上確實填補了那段時間，但既不是真正想做的事，對自己來說也沒有什麼意義的話，還是會覺得那段時間「很無聊」吧。

【CASE 3】
因為行程突然取消，而多出了空閒時間時

無論是工作、與戀人約會還是跟朋友逛街，一旦原本計畫好的行程因為某種因素而取消，就會多出一段要做什麼都可以的時間。

多出這種時間的時候，各位能立刻想到如何利用那段時間的點子嗎？

找不到辦法來有意義地度過突然多出來的時間，這時就會覺得「閒得發慌」。

【CASE 4】等待的時候

日常生活中，常會出現要等待一些事情的情境。例如在車廂中等待電車抵達目的地、在餐廳等待餐點上桌、在醫院等待看診叫號，或是排隊等著去玩遊樂設施之類，有各式各樣的情境對吧。無法有意義地度過這樣的時間，就會容易覺得煩躁並感到「無聊」。

【CASE 5】不知道或找不到想做的事、喜歡的事以及熱中的事情時

當人有想做的事或喜歡的事，一旦有空，就會把時間用在那些事情上，因此不會感到無聊。例如喜歡戶外活動的人，如果能空出一段完整的休閒時間，應該就會外出吧；即使只是瑣碎的時間，也會用來看跟戶外活動相關的網站、影片，或是搜尋一些戶外用品之類。

相反地，當人沒有想做的事及喜歡的事，為了有意義地度過空閒時間，就必須耗費自己從頭開始思考並執行的精力，然而鮮少人會真的實踐所想的事，因此閒暇的時間就會變得無所事事了。

【CASE 6】即使有想做的事情，但行動遭到限制而無法被滿足時

像是遇到「受到新冠疫情的影響必須待在家裡，沒辦法去做想做的事情」等情況，會坐立難安地感受到很大的壓力吧。不僅如此，不能去做想做的事情那段時間，即使在家裡吃飯或是做其他事情也覺得有些空虛。

因為無法得到滿足，就會覺得閒得發慌。

不只會基於某些外在條件讓行動受限，有時也會受到「雖然想試試，但反正我也做不來，就算了」這樣的自我局限影響。

【CASE 7】
不知道自己現在在做的事情有什麼意義時

像是「感受不到意義的工作」、「不感興趣的聚會」、「不得已參加的活動」之類，都是感受不到成就感、滿足感、充實感，覺得不值得又無趣的事情。

這種時候無論採取什麼行動，都很容易覺得「很無聊」吧。

【CASE 8】
身心承受過大壓力而變得毫無氣力時

即使有想做的事情，身心卻都疲累到提不起勁，也就很難帶動情緒。

在身心俱疲的狀態下，即使難得有空閒，也無法去面對想做的事，徒然度過一段毫無意義的時間。

例如忙了一整個星期迎來的週末，卻沒有做本來想處理的家事，也沒去買原本要買的東西，整天都懶散地窩在床上，最後懊悔不已。各位是否也有過這樣的經驗呢？

有時甚至會因為長期處於忙碌狀態或緊繃狀態之中，精神承受不了，結果就變成對任何事情都提不起勁，變成「燃燒殆盡症候群」。

【CASE 9】失去目標時

雖然不是所有人都一樣，但有些人的個性就是「只要有個明確的目標」就能努力下去，這樣的人即使有了空閒的時間，還是會朝著目標前進並找到該做的事情吧。然而在沒有目標時，找不到可以活用時間的方向，碰上空閒時就會變得無所事事。

尤其達成一個大型目標之後常會發生這樣的狀況，在找到下一個目標之前，很容易過著閒到發慌的日子。

【CASE 10】

人際關係中站在「被動」立場時，也就是以他人為中心的狀態

自己的行動為「被動」狀態的人，經常採取「等待」的態勢。無論在愛情、友情還是職場上，只要對方不先作出反應，就不會主動採取行動。因此一旦時間空了下來，就會一直閒到無所事事。

換句話說，這就是「以他人為中心」的狀態。

自己內心的優先順序會是「對方＞自己」。

就算並非刻意，還是會一味地等待指示或等待別人邀請，自己要如何度過一段時間都取決於對方。

如此一來就會被對方牽著鼻子走，失去自主性。最後造成找不到自己該做的事，動不動便覺得很閒，也容易在各方面都感到痛苦。

【CASE 11】
對平穩的日常感到厭煩，心情感受不到波動時

例如在人際關係跟工作上都沒有什麼問題，每天過著平穩日子的狀況，這或許是一種幸福沒錯，但有時會覺得這種一成不變的日子讓人閒到發慌。相對地，只要能造成心情上的波動，就會變成一種刺激，讓人難以產生閒到發慌的感覺。不單只有「高興」、「開心」這類正面情感，就算是「悲傷」、「生氣」之類的負面情感也可以。

就像以上列舉的狀況一樣，會以「好閒啊、好無聊啊」這樣負面看待「閒暇」的原因有很多。

但反過來想，**只要一個個破除這些原因，是不是就能脫離閒到發慌的日常，度過朝氣蓬勃又開心的每一天**了呢？

煩惱是大格局的「消磨時間」方式

各位應該都有聽過「忙到沒時間煩惱」這種形容吧，對於那些從早到晚都有事情要做，整天都忙忙碌碌的人來說，應該很少會覺得閒。畢竟腦子裡裝滿各式各樣的事情，沒有能用來煩惱的時間。

反過來說，**會東想西想苦惱不已的原因，或許正是因為太閒了。**

也就是閒到有時間去煩惱。

我有從事以「提升自我肯定感」、「活出人生志業（自我的幸福生活方式）」這類主題為主的心理諮商、講座及研討會。

在此向各位介紹我在作諮商時遇到的一個狀況。

有位客戶表示：「我一天到晚都在煩惱，就連難得放假時，我也會忍不住去想些明知想再多也沒用的事，結果假期就這麼結束了。」由於沒有特別值得一提的喜好、也沒有戀人，因此沒跟朋友相約的假日時常就會像這樣度過。

這時，我會盡可能開朗地告訴對方：「啊，有這麼多時間去思考那些事情，是不是因為很『閒』呢？（笑）」

如果表達得不好，可能會讓對方覺得是在挖苦他，因此我會小心翼翼地開口。

接著詢問對方：「這時要是最喜歡的人突然聯絡你，並說『現在方便見個面嗎？』的話，你會怎麼做？不覺得就會『沒空』去煩惱那些事，十萬火急地做好準備衝出家門嗎？」

另外，也有好幾位客戶表示：「在聽講座或進行心理諮商的過程中，回過神來，突然就沒有那麼感到自我厭惡。」給了我像這樣的反饋。

原本極為自我厭惡的客戶，隨著自我肯定感的提升，就脫離了「討厭自己、否定自己、責怪自己」的心境。

這些客戶會跟我說「總覺得最近很閒耶」。

他們過去都是只要發生任何事情就會責怪自己，也很討厭自己的人。無論是工作、戀愛、家庭問題，甚至穿搭打扮等各個方面，都容易陷入自我厭惡之中。不知不覺間就會責怪自己，每天都過著下意識主動挑剔自己的日子。

但隨著自我肯定感有所提升，就會漸漸變得無法責備自己。

假設犯了某種失誤，如果是過去的自己，可能會不斷糾結並責怪自己長達一小時；但現在的自己可以在幾分鐘內切換成「算了，這也沒轍，下次要好好努力」這樣的念頭。

如此一來，至今用來「感到自我厭惡、苦惱於這種自己」的時間全都空出來了。

結果就會發現自己處於「咦？感覺好閒喔，要做點什麼好呢？」這樣的狀態。

聽見許多人分享這樣的經驗之後，我也開始會用「自我厭惡跟自我否定是大格局的消磨時間方式呢」來形容。

會想很多事情，一天到晚都在煩惱的人，就是有著那麼多時間。

那或許正是**格局最大的「消磨時間」**吧。

仔細想想，要是發生緊急狀況，或是做著自己想做的事情，還有對於光是工作跟家事就忙翻天的人來說，可謂是「連自我厭惡的時間都沒有」。

只是填補空閒，也無法充實內心

說明至此，各位或許會想「那我只要找事情忙就好了嗎？」但其實那也有點不太對。

常說**「忙」這個字，可拆解為「讓心衰亡」**。

在忙碌的生活中確實不會感受到閒暇，那是處在心也跟著衰亡的狀態。

當各位回顧起忙於工作的一整天，有沒有產生過「自己在那段期間究竟都做了什麼啊？」的想法呢？也會有人表示「由於實在太忙了，幾乎沒有那段期間的記憶」吧。

我們在回顧過去時，會有像是「那時真的過得很開心呢」、「那段時期真的好辛苦啊」這樣回想起當時的情感。換句話說，**記憶是跟情感相**

繫在一起。

然而人在忙碌的時候，只是動手做或思考一些事情，時間會一轉眼就流逝過去。正因為一心一意專注在該做的事情上，才會完全沒有感受到開心、有趣、懊悔或悲傷等情緒的餘裕，情感也因此沒有牢牢留在記憶當中，無法在內心留下痕跡。（說得精準一點，應該是雖然無時無刻都有感受到情感，但還沒能去留意，時間就流逝掉了，才會沒有留在記憶當中。）

所以**在十分忙碌的時期，才會沒有留下記憶。**

只要忙起來，確實也就沒有什麼「閒暇」好苦惱，但那樣的狀態也是一大問題吧？

空閒的時間會讓人感到無聊，但不知道該做什麼也會讓心情變差；說「只要讓自己忙起來就好了」卻也不太對，如此一來這個主題感覺也觸礁了……

如何積極利用閒暇？

任誰都會碰上無所事事的時間（＝閒暇），在此就來看看，以下幾個例子是如何將空閒時間轉換成積極（不會無聊）又充實的時間吧。

【想做的事情多如山的A事例】

A是一位有很多興趣，朋友也很多的人。

喜歡下廚、喜歡時尚，也很喜歡化妝。喜歡畫畫、攝影，也喜歡活動身體，每星期都會去上一次瑜伽課，而且最近好像還開始接觸以前就很感興趣的騎馬。

由於她從事自由業，時間比較好安排，過著「今天早上去料理教室上課，跟朋友吃個午餐之後再一起去看看秋季服裝。傍晚有個工作上的會議，晚上小酌一杯紅酒並一邊處理工作，累了就看看電視劇，洗個澡然後就寢」這樣的生活。

她以前是個工作狂，但自從經歷過一段因此弄壞身體的時期後，她就過著做自己想做的事這般隨心所欲的生活。

這樣的她常說：「想做的事情太多了，一天二十四小時根本不夠用。」但因為生過病的關係，對自己的體力不是很有信心，即使安排了滿滿的行程，她也表示：「雖然做的全都是開心的事所以不會覺得多麼疲累，但一旦覺得有點忙過頭就會好好休息。」

也就是說，她「每天都過著非常充實又開心的生活」。

當我向這樣的她問道「空閒時間都在做什麼？」時，她這麼回答：

「去找個想做的事情來做吧。前陣子星期日的時候本來跟朋友有約，後來取消了，頓時就空出一段時間。由於之前就一直很想整理一下照片，所以趁著那個機會去做，然後煮些比較講究的料理、上網看個電影，轉眼間一天就過去了。沒能跟朋友見面是滿寂寞的，但那一天還是過得很開心喔。」

她自己一個人住，而且由於在家裡工作的關係，跟一般上班族相比有許多時間可以自由運用。說不定會有人很羨慕她這樣的生活，她就是有著那麼多閒暇的時間。

但換個角度來看，「有很多想做的事情」的她，完全不會覺得日常生活了無生趣。

平常總是這個也想做、那個也想接觸，因此只要一有時間就會採取行動。

所以就算有空閒的時間，她也不會覺得無聊。

要有效活用「閒暇」的時間，有想做的事情是一大重點。

【把時間用來學習的B事例】

B是一位求知欲旺盛又好學的人。

以前總是一天到晚加班，但工作受到新冠疫情影響而作了些調整，可以準時下班的日子增加了，有時則是在家上班，生活也隨之產生變化。

在這種情況下產生的空閒時間，B都拿來學習之前就想接觸的事情。挑戰了可以透過函授課程考取的證照，並在線上學習平臺上了從以前就很感興趣的歷史課程。後來真的考到好幾種有興趣的證照，而且更加沉迷於歷史，因此還打算在函授制度的大學拿到學分。

將閒暇的時間**拿來學習，學到東西之後，想必會拓展出新的視野，人生的道路也會因此變得更加寬敞。「想做的事情」接踵而至，沒有那個空間可以感到無聊。**

【不斷深究一件事情的C事例】

C是一位對事情很講究的人。

因為新冠疫情的關係，幾乎變成都在家工作的他，雖然剛開始因為多出了原本通勤用的時間，也不習慣在家裡的環境工作而感到困惑。但後來發揮天生就很講究的個性，下定決心將家裡一處堆積得像是置物間一樣的房間弄成書房，並牽了新的網路線，更DIY做出辦公桌及放資料的櫃子，整理成一處舒適的工作室。

另外，他之前日常抒壓的方式都是下班之後跟同事去喝酒，或是跟妻子去當地的餐廳用餐，但在政府呼籲減少外出的期間，因為無法自在地外食聚餐的關係，便開始沉迷於之前就感興趣的戶外活動。在那之後他就到處找戶外活動相關的影片來看，並在拍賣網站等處蒐購相關用具，假日放晴的時候就會跟妻子一起來趟單日露營。

他的妻子對此表示：「回過神來，家裡的戶外活動用具就越來越多，好像準備要開店一樣。」他會買好幾種戶外烤肉用的爐具比較性能差異、研究怎麼樣才能把肉烤得更好吃，並逛遍網路找出喜歡的露營椅。轉眼間他已經像是這方面的專家一樣，掌握了各種知識。

現在他只要有一點點的空閒時間，就會去調查關於戶外活動的事情；要是能空出一段完整的時間，有時也會直接跑去露營地場勘。

原本好像是他的妻子比較喜歡戶外活動，但最近兩人的立場完全顛倒過來了。不過他妻子也開心地說：「之前像是架設帳篷或準備餐點等等的事情，全都由我一手包辦，現在他也會積極來做這些事情，讓我可以在旁邊悠哉地喝著啤酒，真的很幸福。」

儘管這是他的個性使然，不過**熱中於某件事情，也是讓人生不會感到無聊的秘訣之一。**

【在與家人共享天倫之樂中找到幸福的D事例】

原本在金融體系上班，而且工作量很大的D，剛好在新冠疫情爆發之前獨立創業，由於時機很不巧地碰上政府宣布進入緊急狀態，讓他的事業才剛起步就碰壁。幸好他在經濟層面還有些餘裕，也從前公司接手了一些客戶而保有最低限度的收入，所以當時暫且就以比較悠哉的步調工作。

他家中兩個孩子都還處在需要大人照顧的年紀，之前都是全部交給身為家庭主婦的妻子應對，但由於獨立創業跟新冠疫情幾乎同時發生，讓他索性下定決心對家庭傾注心力。

結果這才讓他察覺，在守護著孩子成長的同時，跟妻子一起做家事及育兒的生活竟是如此幸福，甚至讓他說出「對於至今都只顧著工作而忽略家庭感到懊悔不已」這樣的話。

以前不太擅長做家事的他，發揮了天生機敏的一面，一步步學會各種事情的同時也滿樂在其中的樣子。現在的他深刻體認到，自己的人生中最重要的就是這個家庭了。

後來他也跟妻子認真討論要搬到鄉下居住，並在離都會區有一點距離的地方找到一間房子，等裝潢完成之後就要全家人一起搬過去。

多出計畫之外的時間時，**若把注意力放在其他面向的事情上，也可以藉此產生新的價值觀。尤其是充實了與家人、伴侶之類的人際關係，便能度過積極正向的生活。**

只要提升自我肯定感，再閒也不會覺得無聊

上述列舉出的是讓閒暇時間轉變成充實時間的幾個例子。

「想做的事情多如山」、「利用時間學習」、「深究鑽研一件事情」、「在天倫之樂中找到幸福」等等，雖然都是不同面向的事例，但他們的共通點在於自我肯定感本來就很高。

其實在此探討的每一個例子，也全都是可以提升自我肯定感的方法。

換句話說，**那些自我肯定感高的人並不會因為出現空閒時間而無聊到發慌，反倒是根據自我判斷主動去活用那些閒暇時間。**

相反地，會因為閒暇而無聊到發慌，說不定就代表當下處於自我肯定感沒有很高的狀態。

來說點心理學方面的事情好了。

原本就是自我肯定感低，又「以他人為中心」而活的人，一旦出現沒有特別安排的空閒時間，就會產生「應該讓別人來填補這段時間才對」的依存心態。

這樣的生活方式會覺得「工作是別人給的」，而且比起「做想做的事」更會去「做該做的事」，算是被動的生活態度。

所以就算得到一段閒暇的時間，當下也會產生被動的反應，不知道該怎麼活用那段時間才好。

另一方面，自我肯定感高，而且自我中心明確的人，平常就會根據自己的判斷採取行動，因此就會「啊，突然多出一段空閒時間，不然就來做這個好了」，像這樣容易浮現點子。

如此一來，便**可以主動將閒暇的時間變成充實的時間。**

閒暇也能「充實內心」

將截至目前為止的內容統整起來，可以看出能否積極看待閒暇時間而不會感到無聊，與自我肯定感及自我中心有關。

那麼，又該如何活用空閒時間呢？接著就來思考這項問題吧。

說起來，不會感受到無聊的閒暇，正是「內心的從容」。從先前舉過的事例當中可以得知，空閒時間正是最適合用來從事「想做的事情」的時段，因此有想做的事情的人豈止能積極活用空閒，還能發現他們甚至提升工作或做家事的效率藉此「空出時間」。

如果能像這樣**積極空出時間，並將那段時間用來充實內心，人生想必會越加精采。**

換句話說，「閒暇」堪稱充實我們人生的一個非常重要的要素。

若是現在覺得閒到發慌，或是害怕感到無聊而把行程都塞得滿滿的，以致於失去內心餘裕的話，或許需要一個能夠有意義地活用閒暇時間的方案才行。

重點就在於「想做事情」（充足自我）、「自我肯定感」以及「自主性」。

如果沒辦法自主活用空閒時間，就會感到無聊，甚至產生自我厭惡、自我否定的念頭。而且會因為這樣更加提不起勁，人也變得有氣無力，空閒時間因此不斷增加，更加覺得無聊。

然而要是確立自我中心，並提升自我肯定感、找到想做或者喜歡的事情，就能有效活用空閒。既然會忘我地度過那段時間，也就不會產生用「無聊」這樣的負面形容來解讀閒暇了。

第 2 章

良性消遣及惡性消遣

各位是如何度過閒暇時間的呢？

要是能空出一段時間，當然不想消極地度過，而是要用可以充實內心的方式度過。

為此，先來想想自己平常都是怎麼度過閒暇時間的吧。

遇到下列情境時，各位會做什麼事呢？

- 朋友臨時取消約好的行程，整天的時間都空了下來。
- 會議進行得很順利的關係，跟下一個行程之間空出了超過三小時。
- 記錯跟熟人聚餐的時間，提早一小時抵達碰面的地方。

多數人應該都會想「要怎麼打發時間」。

如果可以提前知道那段時間會空下來的話，或許就能事先安排一些計畫。但這是意料之外產生的空閒，各位是不是會覺得，總之隨便找點事情來消磨時間就好了呢？

話雖如此，這段時間本來是用來跟朋友出去玩或進行開會、聚餐等活動，因此心情上很難快速切換過來，說不定也很難立刻浮現有意義的點子。（順帶一提，在此說的有意義並不是指「一定要做些帶有意義、道理的事情才行」，請解讀成「有效利用時間而不讓自己感到無聊」。）

剛才先列舉了意料之外空出來的時間，那麼如果換作是可以事先知道的空閒時間，又是否可以有意義地利用呢？

- 下班之後，閒閒待在家時會感到無聊。
- 沒有特別想做的事情，也沒有計畫的閒暇週末會感到無聊。

偶爾也是會遇到這種狀況，但**要是時不時就覺得無聊，或許再認真一點想些能夠「打發時間」的方法，並做足準備會比較好。**

閒暇時有沒有在欺負自己呢？

在第一章當中，透過實例說明了「自我厭惡是大格局的消磨時間方式」這一點。

說起來，不少懷著強烈自我厭惡感，也就是自我肯定感低的人，會在有空閒時責備自己。

會一整天都不斷自我譴責的人應該不多。

但有沒有遇過，空出一點時間時，負面想法就忽然悄悄鑽入內心，開始產生「為什麼自己的人生會這麼不順遂？」這類的想法呢？

如此一來，就會回想起至今失敗的事情，還有覺得丟臉、悲慘及懊悔的過去，不禁就會大嘆一口氣。

這時就會想著「到頭來終究是自己能力不足吧」、「戀愛發展得不順利的原因果然是在於自己缺乏魅力」等等，開始責怪自己。

與此同時說不定還會感受到「唉，那個人好好喔」這樣嫉妒又羨慕的心情，並產生「那自己得再更加努力才行」這般鑽牛角尖的念頭。

也有人會因為懷著這樣難以排解的心情，無論做任何事情都心不在焉，一旦空出時間就會一直責怪自己。

如果能將這樣的時間想作是「自省大會」，讓自己的心情轉換成積極正面的傾向，或是覺得「反正那些都是已經過去的事情」並想開的話都還算好，但若只是一味地欺負自己，那可以說是對精神負擔相當大而且又會讓情緒變得不穩的「惡性消遣」方式吧。

容易欺負自己的情感背景為何？

容易變成在欺負自己的自我厭惡，會從各式各樣的情感中產生。

在此介紹幾個具代表性的例子。

後悔

「如果那時候多容忍他一點，也就不會分手了。」

「如果那時候我能再提起一些勇氣，說不定就能跟他交往了。」

「如果那時候有仔細確認過資料，就不會犯下這種失誤了。」

「如果可以更積極表達出自己的意見，就能從事想做的工作了。」

「如果自己是個更好的父母，就不會養出那樣的孩子了。」

「如果有做好健康管理，就不會生這種病了。」

就像這樣，我們被「早知道那時候這樣做就好了」這樣的念頭驅使著，甚至說是每天都為了某些事情感到後悔地活著也不為過。這樣後悔的念頭，是產生自我厭惡最顯而易見的原因之一。

就算想說服自己「事到如今對於過去感到後悔也無濟於事」、「事情都過了也無能為力」，但只要那件事對自己來說越重要，就越是會懊悔不已。

然而，**就像自己也察覺到的一樣，不管怎麼說都是為時已晚**，對吧？所以後悔到展開一場自省大會的時間，或許也可以說是一場大格局的「消磨時間」。

在作心理諮商時，也會接觸到不少像這樣感到後悔的案例。諮商師在面對這個狀況時，會先聽對方說完自己的想法，再思索出適合那個人抽離後悔的方法。

人都會有一段「想責怪自己的時期」。

接下來要討論的多是跟罪惡感有關的後悔，其中存在著「想透過把錯攬在自己身上，藉此不要忘懷發生的事情」這樣的目的。

若是有曾經失去重要的人的經驗，說不定就很清楚，後悔、責備自己可以成為一時的「慰藉」，可以藉此緩和內心的悲傷及寂寞。這種時候以心理諮商的角度來說，我就只會靜靜聽對方傾訴而已。

為了不再對那件事感到後悔，我大多會給予對方「那個時候的自己作了最好的選擇」的建議。

就算「現在的自己」覺得當時作錯選擇，也是因為對於「當時的自己」來說除此之外沒有其他選項了。

換句話說，就是解讀成那個時候的我對他的容忍已經達到極限、當時的自己就是提不起勇氣、應該有其他原因造成自己沒有仔細確認資料、當時的自己無法表達出自己的意見。

這同時也是接受最真實的自己，提升「自我肯定感」的理想狀態。

所謂後悔，是由「如果」、「……的話」想像出的世界，所以只要去想像，怎樣都能創造出用上述兩個詞假設出的情境。

當時的自己明明就沒有其他的選擇，但在想像中卻能創造出一個「有其他選項可以選」的世界。

換句話說，後悔的念頭可以說是現在的由自己創造出來，完全順隨自己心意的想像世界。

罪惡感

所謂罪惡感便是覺得「都是我害的」、「是我不對」這樣的想法，是一種會透過傷害、責怪、否定、折磨來攻擊自己的情感。這非常容易讓人產生後悔的念頭，把自己當成應該要被關進監牢的罪犯一樣，絕對不讓自己得到幸福。

這樣的罪惡感分為自己也有自覺的「表面性質」，以及自己沒有自覺，並進入潛意識深處的「內在性質」。而且大多數都會成為一種習慣，令人難以察覺是基於罪惡感而自責。

若是抱持著罪惡感，經常就會下意識採取一些懲罰自己般的行動。例如：無論去哪裡都獨自行動、總是選擇被稱為黑心企業的公司就職，或是不斷陷入可能不會讓自己幸福的戀愛之中。

而且，罪惡感不容許自己得到自由。如果你在自己的人生中感受到束縛，可以去想想內心是否存在著罪惡感。

另外，若是抱持著罪惡感，會出現為了傷害自己而過度勞動的傾向。即使在那樣的生活中產生空閒，也會以懲罰自己的方式來消耗掉那些時間，由於目的在於懲罰自己，所以不會把時間用在讓自己開心、療癒，或是心情變好的事，而是會下意識產生更加折磨自己的思考。不但會浮現

「難得空出一段時間卻一直在滑手機，過得超沒意義，我這個人真是爛透了」之類自責的念頭，也會因為無法容許自己悠哉度過空閒時間而加速惡化過度勞動的情況。

若是**想從這樣的罪惡感中拯救出自己，「原諒自己」這個過程就十分重要，但這得要抱有十足的覺悟才行。**

※關於罪惡感的內容請參考拙作《擺脫「習慣性自責」的47個練習》。

無價值感

各位或許對無價值感這個詞不太熟悉，但就一如字面上的意思，是指堅信「自己沒有任何價值！」的情感。

事情進行得不順利時，就會覺得原因出在自己既沒有魅力又不具實力。若是抱持著這樣的情感，會完全感受不到自己有能力的價值；如果再加上欽羨他人有的東西，就會更感到氣餒或鬧彆扭，並把自己當成悽慘又無足輕重的存在。

這種無價值感幾乎等同於沒自信、自我肯定感低落，像是「明明很努力在找結婚對象卻都發展得不順利，是因為自己沒有身為女性（男性）的魅力」之類，伴隨著一個受挫的理由一同登場。

這也常會用來印證自己現在的不幸福，有人更會因為讓自己無價值感的這個理由太過完美，反而更加無法為了得到幸福而改變自己或是做些努力。

無價值感太過強烈的話，會產生「反正怎麼做都沒用」、「像自己這樣的人就算不在了，也不會有誰感到困擾」之類的想法，日子會相當難熬。

這時若是空出閒暇的時間，這些念頭就會像海浪一樣襲來折磨自己，簡直就像有個魔鬼長官在身邊，不斷指責「你這樣真的不行、那點太不像樣了、那裡更是糟糕透頂」一樣。因此為了避免空出閒暇時間，才會用滿滿的行程讓自己忙碌不已，於是就會邁向過度勞動的狀態。

這樣恐怕會變成「自己要比身邊的人更加倍努力工作，否則就無法成為公司的即戰力」、「如果有必要，即使得自我犧牲也不想被對方捨棄」的情形。

這種無價值感會無謂地看低自己，而且以他人為中心活著。在這種狀況下，**最重要的課題就在於將注意力放在自我中心的同時，找出自己真正具備的價值。**

競爭心與嫉妒心

競爭心與嫉妒心也會衍生出剛才列舉的無價值感跟罪惡感等情感。

說到競爭心，有些人應該會用正面思考的角度解讀，但它同時也存在著負面意義。

那就是「扯競爭對手的後腿」跟「把自己擺在下位並覺得自己很可悲」。另外，與他人的競爭心有時也會變成嫉妒心，進而產生負面的情感，並覺得自己很難堪。

抱持這種競爭心跟嫉妒心的話，一有空閒時間就會指摘自己的不對，或是因為羨慕他人而看不起自己。

就像忽然空出一段時間、進到咖啡廳消磨時光時，看到周遭的情侶就會心生嫉妒這樣的感覺；但與此同時也會對這樣的自己感到厭惡，心情應該也會跟著消沉吧。

執著於過去

像是想著「學生時代真是美好啊，相較之下現在過得一點都不開心」、「與人交往的時候過得很幸福，分手之後就過著了無生趣的人生」這樣的事，緬懷過去發生的美好記憶，並不禁用「相較之下現在自己……」來自我譴責。

這正是執著於過去的狀態，我會稱之為「活在過去的人」，想著「過去那麼美好，現在一點都不開心」並陷入自我厭惡之中。

一旦變成「活在過去的人」，就無法描繪出幸福的未來，也無從抱持希望。時而怪罪於他人、時而自我厭惡，總之就是無法站在當下並向前邁進。

每天都處在所謂「沒有活在當下」的狀態之中。

執著於過去的人，最大的課題就是要與過去劃清界線，並以「將注意力放在當下」為目標。

如果堆積了壓力跟疲勞，提不起氣力也是理所當然

前述舉出了在閒暇時間欺負自己的例子，但在此要再介紹一個令人在意的案例。

進行心理諮商時，我曾聽過這樣的事：

「之前就很想好好整理一下家裡，所以想利用某個沒有安排行程的週末來做這件事。但才剛開始做了一點就覺得完全提不起勁，忍不住一直滑手機，最後在家耍廢，一天就過去了。我非常討厭這樣的自己。」

遇到這種狀況，我首先會確認「難道不是因為實際上就是如此疲累嗎？是不是累積了很多壓力呢？」這一點。一般來說，人在感到疲憊不堪時理當會覺得「好想休息」、「好想放鬆一下」。

但個性太過認真努力或是理性思考的人，因為滿腦子都想著「如何

有效活用時間」，常會無視了自己的心聲。所以就會哀嘆難得有一整天的空閒卻無所事事，並為此感到自責。

另外，雖然壓力跟疲勞確實有時會一口氣累積很多，但大多數情況都是在自己沒有察覺的時候，一點一點積少成多。

因此在許多案例中，當事人都是突然回過神來，才發現已經變得很痛苦了。

堆積許多壓力跟疲勞的時候，即使有空出時間也湧不上絲毫氣力，一事無成可說是理所當然，因為內心想好好休息一下。

尤其是忙碌的人以及習慣想太多的人，更是容易在不知不覺間堆積壓力跟疲勞。而且因為平常就沒有傾聽自己心聲的習慣，也會容易感到自責，所以**一旦覺得「難得空出一段閒暇時間卻無所事事地度過了」並開始自責的時候，建議還是想成「可能真的就是累到這種程度了」，並接受自己這樣的狀態比較好。**

明明很閒，為什麼看YouTube出現五秒的廣告也會覺得煩躁呢？

為了有意義地度過空閒，在此想來提提在消磨時間時內心的想法。

例如想要打發時間所以開始看起YouTube影片時，一開始會先出現五秒左右的廣告對吧？如果是長度稍微長一點的影片，看到正精采的時候還會再安插一次廣告。各位遇到這種時候，是不是會覺得煩躁呢？

空閒的時間應該有很多才是，那為什麼會對短短的五秒感到煩躁呢？最大的原因就在於，那並不是自己「主動」去做的行動。

再更詳盡地說明一下吧。

我們並不是為了看廣告才按下播放鍵，意即就「被迫看了不是自己想看的東西」這一點來說，觀眾的主導權受到剝奪，變成站在被動的立場。即使時間只有短短的五秒也是「被迫等待」，是觀眾不得不去配合，而且主導權遭到剝奪的狀態。

換句話說，**即使是在閒暇時間，如果我們處於無法在自己的主導下採取行動（也就是變成被動立場）的狀態下，就無法心平氣和。**

也就是說，被動狀態對我們來說會覺得痛苦。

像是在結帳櫃檯前排隊時、塞在車陣當中時、等待客戶的答覆等等的狀況，其實仔細想想就會發現，日常生活中有很多因為無法主導行動而感受到壓力的情境。

遇到這樣的空閒時，**如果可以採取帶有主動性的行動，就不會覺得承受了這麼大的壓力。**如此一來，自然就能做到「良性的消磨時間」了吧。

一有空閒時間，先跟自己的內心對話

那麼，在討論感到無聊或是欺負自己的「惡性消磨時間」之後，接下來就來想想「良性消磨時間」的行動方針吧。

在此詢問一下各位，有沒有什麼未來的目標或夢想呢？

雖然以夢想跟目標稱之，但其實也不是格局那麼大的東西，像「想請假去沖繩玩」、「今年要買件新的大衣」、「感覺滿想結婚的，想努力找個結婚對象」、「想考個對轉職有利的證照」等等，這樣單純只是想做的事情，或是難度比較低的目標也可以。

我總是在強調「自主性」有多重要，**當自我中心確立，並位處主導方採取行動時，人自然就會產生「想要那個、想做這個、想變成那樣」等欲求**，無論到了幾歲這一點都不會改變。

但如果一時想不到目標跟夢想的話，就有可能是因為放任自己內心過著怠惰的生活、以他人為中心而活、開始放棄自己的人生等理由造成。在這些主因當中，**最重要的是要好好跟自己的內心對話。**

跟自己內心對話的第一步，是**平常就要習慣捫心自問「自己現在想做什麼？想要什麼？」**

例如要吃午餐時，就要透過詢問自己「現在想吃什麼？」這樣跟內心對話來決定餐點。並不是因為惰性而點了「跟平常一樣的A套餐」，而是確定自己想吃那個東西才點「跟平常一樣的A套餐」。雖然會多出一個步驟，但請將注意力放在確立自我中心上。（※關於確立自我中心的方法將在第四章詳談。）

以「討自己歡心」這點來說，問自己想做什麼是一件重要的事情。

在其他情境中，例如要回家的時候，請像這樣問問自己。

「接下來要怎麼做，自己才會開心呢？」

在此指的不是理所當然地朝車站走去並搭電車回家，而是試著跟自己玩玩看「要怎麼享受接下來這段時間？」這樣的遊戲。當然，如果覺得「趕快回家洗完澡躺著耍廢」比較開心的話，就這樣實踐也很好。

比起「最後要做什麼」，問問自己的心聲這個過程比較重要。

像這樣**養成討自己歡心的習慣之後，自我肯定感會自然提升，在生活中覺得開心的時間也會跟著漸漸增加。**

只要養成這樣的習慣，即使突然空出一段時間，也會自然湧現「好啦，那要怎麼享受這一個小時呢？」的想法。

這同時也是預防將閒暇時間用在欺負自己等「惡性消遣」的對策之一。

如果有個目標或夢想，就會湧現「想做的事」

這就來想想，當空出一段閒暇時間，抱持雀躍的心情想著「好！就來利用這段時間做○○吧！」的話，會是怎樣的狀態吧。

那正是無論如何都有「想做的事或喜歡的事」的狀態。

例如喜歡時尚穿搭的人，一旦空出時間就會去服飾店逛逛，或是透過社群平臺確認現在的流行趨勢，想必會一直樂在其中吧。

像這樣**有著自己想做的事情及喜歡的事情，當我們思索關於「夢想」或「目標」的時候，自然就能看見未來。**話雖如此，也不一定要是格局那麼大的事情，可以類似「好想買那件衣服」、「好想去那間店逛看看」等比較貼近日常的願望。

若想將空閒時間**拿來用在想做的事情或喜歡的事情之類的「良性消遣」上，關鍵是要抱持著夢想或目標。**

把現在的閒暇用在將來的目標或夢想上

抱有目標或夢想時，就算突然空出一段時間，也能將時間活用在實現那件事上面。

基於這個原則，我們可以在工作、伴侶關係、家庭、興趣、健康、財富等生活各方面都抱持某些夢想或目標，透過這樣的做法，讓閒暇時間不會用在欺負自己等「惡性消遣」上，而是能活用來做些「良性消遣」的事情。

假設抱持著「將來要獨立創業」的夢想好了，由於平常就有為此學習跟經營、創業相關的事情，如果突然空出一段時間，就算只有半小時，也會浮現去書店看一下商業類別的新書之類的念頭吧。

或是如果抱持著「想跟戀人邁進到結婚這一步」的目標，當原本的行程提早結束而空出了幾個小時也不會無所事事，說不定會把時間用來構思下一次的約會計畫，或是看看時尚穿搭或美妝方面的潮流。

其他像是「喜歡上偶像」的狀況也一樣，期待著要去參加下場演唱會的話，即使是沒有安排任何行程的假日，也可以整天都用來追星吧。甚至沒有可以覺得無聊的空閒時間，光是追蹤新歌消息、在社群平臺上查看最新動態或是跟同好交換情報，轉眼間一天就過去了，可說是過得相當充實。

像這樣**抱持著目標或夢想的話，內心自然會湧上雀躍、刺激、期待、欣喜等各種正面的情感。**

那麼，就來想想自己抱持怎樣的目標或夢想吧。

請各位試著寫下，下意識可以想到的範疇內的目標或夢想。

這麼說格局太大了嗎？那說是「想做的事情」、「想要的東西」、「想嘗試看看的事」應該就比較好理解了吧。

不只一個，請寫出所有可以想到的事情吧。

【工作上的目標或夢想】

【合作關係的目標或夢想】

【家庭關係的目標或夢想】

【興趣方面的目標或夢想】

【健康方面的目標或夢想】

【財富方面的目標或夢想】

【其他目標或夢想】

實際寫下來之後，各位覺得如何呢？

應該有察覺到，在某些領域明明可以想到很多點子，別的領域卻一個也想不出來。

但其實也不必勉強自己在完全想不到點子的領域深思太多。

就算將氣力投資在沒什麼興趣的地方，也只會感到疲憊而已，因此忽視那個方面的事情也沒關係。

不過，如果明明是自己感興趣的領域卻想不到什麼目標或夢想，或許重新思索一下自己想做的事情或想要的東西會比較好。

找不到夢想或目標時的八種心理因素

方才雖然試著寫下夢想或目標，但說不定也會遇到想得到的事情很少的狀況。如此一來，應該會有人覺得：難道沒有夢想或目標的人，就只能度過無聊的空閒時間了嗎？

在作心理諮商時很常遇到這個主題，至今也舉辦過好幾場「找出想做的事研討會」。

諮商師是個總是會很想知道理由的職業，如果遇到人家說「我沒有任何夢想或目標」，就會反問「為什麼會沒有呢？」並探究原因。

集結這樣的我所累積的經驗，認為沒有抱持夢想或目標的原因主要可以分成八種心理因素。

（1）一直以來都過著別人的人生

在回應父母、周遭其他人期待的人生中，經常會以為是憑藉自己的意志而選擇這麼做，但其實並非如此。確實有這樣的例子，像是在成長過程中一直是資優生，或是不需要長輩太多照料的乖孩子身上更常出現這種情形，而且大多都是連自己都沒有察覺這點。

（2）一直以來比起情感，都更以思考為優先的生活方式

所謂夢想或目標，是會讓人覺得雀躍、樂在其中，並感受到欣喜的事物，但這些全都是情感的層面。

如果一直以來的生活方式都是以思考為優先的話，比起「想做什麼」，反而會習慣性去想「該怎麼做？要做什麼才是對的？」這就很難產生會讓心情雀躍的夢想或目標。

（3）對於夢想或目標有著強烈的期待感

不少人都會認為夢想或目標是格局很大的事情，是很了不起而且受到眾人支持、鼓勵的東西，也有人抱持著實現夢想或目標會翻轉自己人生的期待。

就像前述內容也時不時提及到的，即使不是格局那麼大的事情也沒關係。

然而若是覺得現在的自己很渺小，確實會抱持遠大的夢想或目標，希望可以藉此一口氣逆轉人生吧，但那就跟在賽馬最後一戰時投資了高額彩券，想將那天輸掉的份全部贏回來一樣充滿不確定性。

（4）陷入與他人競爭的陷阱裡

這種情況裡的夢想或目標並不是自己一個人的，與人競爭的時候容易會以對方為基準，即使自己完全沒有感到雀躍，還是高舉起「他人的目標」。

例如一得知自己抱持競爭意識的同事要去考取證照，即使一點興趣都沒有，卻還是一心因為不想輸給對方，而去考取相同或者類似的證照。如此一來就會產生「雖然有著考取證照的目標，心裡卻絲毫不覺得雀躍」的問題。

（5）一直以來都被禁止去做「想做的事情」

成長過程中被父母強行施加各種目標的類型，甚至自己的願望還全都遭到反駁的話，孩子會放棄抱持自我意志。

反正自己再怎麼期望也無法實現，既然如此倒不如一開始就不要想去做些什麼。對教育孩子有很多想法的父母，或是規矩相當嚴格的家庭中常會出現這種狀況。

（6）做了想做的事情卻碰上挫折，後來就對此感到害怕

我稱之為「夢想破滅故事」，即為挑戰了自己想做的事情卻留下慘烈的失敗經驗，結果變成心理陰影的事例。

例如無論如何都想念某間學校，甚至不顧父母跟師長的反對去考，結果卻沒有考上，然後就對自己感到失望透頂，說不定也就此放棄抱持夢想或目標。

（7）基於對他人的「怒火」或「報復心」而不讓自己抱持夢想或目標

例如討厭父母的人，會故意不去做讓父母感到開心的事，如果抱持夢想或目標並實現的話，父母就會感到開心，一想到這點便不讓自己持有那樣的念頭。當然，這樣說不定會讓自己度過一段無趣的人生，但在這種的案例中，通常會更以報復父母為優先。

比起刻意這麼做，當事人很多時候是在毫無自覺的潛意識中發生這

樣的情況。

（8）實現夢想之後就變得像是燃燒殆盡症候群一樣

這應該就很容易想像了，實現了從孩提時代就抱持的夢想之後，一時之間會迷失，變得不知道該朝什麼方向努力才好。

像是前往甲子園比賽或通過高難度國家考試之類，若是長年以來都為此一點一點努力的那種夢想就更不用說了。而且那樣的榮耀又太過炫目，會讓往後的人生找不到意義，不少人就因此無法抱持新的夢想或目標。

抱持夢想或目標的方法❶

排除心理因素

接著就來思考要怎麼做才能抱持夢想或目標吧。

首先，排除上述的八個心理因素，是方法之一。

（1）「一直以來都過著別人的人生」的應對方法

進行心理諮商時或在研討會上我會標榜「重拾自我專案」，讓人將注意力放在自己身上。一直以來都回應著父母期待生活的人，往後也會持續回應老師、上司或公司等對象的期待。

這種時候應該要重新**將注意力放在「自我中心」，並空出與自己內心對話的時間。**

就像先前提過的，在午餐時間詢問自己的意志一樣，時不時就要對自己拋出「我想怎麼做？」的提問。

另外，與其說是父母的期待，有些人更接近是在父母的控制下成長，這種狀況就要強烈著重於「從父母身邊獨立」這一點。

如此一來當自己抱持了新的夢想或目標時，正可說是脫離父母的束縛，開始步上自己人生的最佳證據。

（2）「一直以來比起情感，都更以思考為優先的生活方式」的應對方法

如果習慣性用「該怎麼做？要做什麼才是對的？」之類的方式思考，**就要定期將注意力放在自己的情感上。**

可以多去接觸電影、影集、舞臺劇等等，思考型的人或許會忍不住用邏輯思考各種事情，可能也會因為實在不感興趣而變成要與睡魔對抗。但是，電影跟影集會動搖人的情緒，情感也會漸漸被牽動起來。不過因為電視劇會在中途安插廣告，每當進入廣告時情感就會跟著中斷，所以不太推薦。除此之外，多接觸小說、音樂、繪畫等藝術類型的作品，也能成為

重拾感性的契機。

除此之外，**一有空就試著想想「現在自己是怎樣的心情呢？」盡可能養成關注自己內心的習慣。**

就算一開始完全沒有頭緒，只要不輕易放棄、持續下去，就能漸漸釐清自己的心情。

由於不去理性思考的難度很高，所以這算是透過增加對內心關注的時間，相對縮短理性思考時間的作戰方式。

（3）「對於夢想或目標有著強烈的期待感」的應對方法

在這個狀況下，應對的方式在於不要對夢想或目標抱持過高期待，為此要特別注意的地方是有沒有「太小看現在的自己」了？

換言之，要做的就是**漸漸認同現在的自己、更加喜歡現在的自己，並藉此看出自身至今成就的價值等等。**

與此同時可以試著抱持一些小小的目標，每當達成的時候都能感受到喜悅。

例如立下「一整個星期每天早上都六點起床」這樣的目標，並進而實踐，要是達成了就「大肆誇讚自己」，然後再設定下一個目標。

微小的成功經驗逐漸累積，可以讓自己產生自信，漸漸就不會再對夢想或目標抱有過高的期待。

（4）「陷入與他人競爭的陷阱裡」的應對方法

以放下競爭心態為目標吧。由於競爭的背後也常伴隨著自我肯定感低落，因此在（3）當中介紹的**「達成微小目標」也會很有效果。**

另外，一如在（1）當中所介紹的，**平時就將注意力擺在「自我中心」，在自己跟周遭的人之間拉出一條界線也很有效。**

（5）「一直以來都被禁止去做『想做的事情』」的應對方法

畢竟一直以來都遭到禁止，並不會一解禁就能立刻找到目標。這也可以透過在（1）當中介紹過的，養成向自己提問的習慣試試。

與其他幾點一樣，這種時候最重要的就在於不要焦急。

實際上**並不是沒有想做的事情，只是處於找不到的狀態**。因此，**只要持續跟自己的內心對話，終是可以釐清出像是目標的東西**，在那之前不要輕言放棄並持續下去吧。

（6）「做了想做的事情卻碰上挫折，後來就對此感到害怕」的應對方法

這稱為失敗感，想抽離這樣的狀態就要稍微改變一下觀點。

也就是要轉換成「那真的單純只是一場失敗嗎？」這樣的念頭再作檢討。**即使結果令人失望，也要把重點擺在有沒有從中得到、學到什麼。**

要是失敗了肯定會覺得很不甘心，但要想的是因此選擇了其他道路

而得到的機會，以及在那次經驗中學到的事情和認識的人。

所謂失敗，只是自己如此定義而已，只要換個看法或許就能解讀成「沒有犯下什麼失誤」。如此一來，也可以轉念成「自己以為是失敗的事情，其實是邁向成功的一大步」。

（7）「基於對他人的『怒火』或『報復心』而不讓自己抱持夢想或目標」的應對方法

對他人抱持怒火，**為了報復而不抱有夢想或目標，對自己的人生來說真的是一種幸福嗎？現在就來想想這一點吧**，答案大概是No吧。

先不論有沒有要原諒那個人，想想自己的幸福也很好吧？

帶著憤怒或報復心的時候，注意力都會擺在那個對象身上，而忘了還有願意當你的同伴、鼓勵並支持著你的那些人存在。

另外，最重要的是要察覺，這兩種負面情緒會折磨自己。

總之先從重視自己的身心狀態開始，將注意力放在如何用心對待自

己的內心。

（8）「實現夢想之後就變成像是燃燒殆盡症候群一樣」的應對方法

實現了賭上人生的大夢想之後，很容易產生再也不會抱持其他夢想的念頭。但實際上**在實現一個夢想之後，過一陣子下個夢想自然就會浮現出來。**

在新的目標出現前，把這段時間當作是在回復為了實踐夢想而消耗掉的能量，好好放鬆一下。我也很推薦在慰勞自己的同時，給實現夢想的自己送上更大的讚賞。

理解自己是做到了多麼厲害的成就，那就會轉變為自信，而且想必也能成為追隨你腳步的後進們的希望。

如此一來漸漸就能從燃燒殆盡症候群的狀態中重振起來，並再次找到新的夢想。

抱持夢想或目標的方法❷

認真處理眼前的事情

為了抱有夢想或目標，硬要說的話，還有一個**「拚命去做眼前的事情，就會出現夢想或目標」**這樣的方法。

即使沒有夢想或目標，我們每天該做的事情還是堆積如山。

無論家事、工作、金錢管理、人際關係等等，有很多都是我們該面對的事情對吧。就是要將每一件事情都盡力做到最好，即使一點也不有趣，還是拚命完成分配給自己的工作。

除此之外，**無論於公於私都要珍惜人際關係，用自己能做到的方式關切身邊的人。**

如果像這樣拚命做著眼前的事情，不只是會得到身邊其他人的信賴，自己也會漸漸感受到「想這樣做」、「想變成那樣」的欲望。

那正是所謂的「目標」。

換個說法，這種方法也就是「比現在還要更認真面對眼前的事情」。之所以沒有夢想或目標，說不定是因為到目前為止，都是用有點逃避的心態在度過自己的人生。

所以，**只要比現在再更認真一點面對，道路自然就會拓展開來。**

抱持夢想或目標的方法❸

鼓勵正在努力的人

如果找不到自己的夢想或目標，有個利用「他人」的解決辦法。

那就是**去鼓勵、支持抱持著夢想或目標，並且正在努力實現的人。**

即使身邊沒有這樣的人，現在也有募資或線上沙龍等等，可以在上面認識追逐夢想的人，也有機會支持這些人。若是有能為對方做到的事情，就積極參與看看吧。

藉此**可以跟對方共同體驗一邊經歷苦戰，一邊漸漸實現夢想的過程，這也能讓自己的心受到刺激，進而開始尋找自己的夢想或目標。**

另外，在此也有「解決『我不知道該怎麼做！』問個不停講座」的研討會影片，有興趣的話歡迎參考看看：

http://nemotohiroyuki.jp/event-cat/39573

試著管理閒暇的行程

不過，即使抱有目標，知道自己想做什麼、喜歡什麼，面對突然空出來的時間，也不曉得是不是馬上就能浮現那些點子。

為此，要不要事先模擬一下如何消磨閒暇時間呢？

將空閒時自己可以採取的行動，依照各個項目填寫第九十九頁的表格吧。

當然，這個行動最好是基於自己的夢想或目標，是能讓自己開心的事、喜歡的事，並感到雀躍不已的事。

這時請試著想想自己的生活模式，重點在於要先確認好自己容易空出「多長時間的閒暇」。即使在「如果空出了一整天的時間……」這個條件下作了充實的計畫，但實際上一年中只會發生少數幾次的話，那也起不了太大的作用。所以，充實實際上容易出現的空閒時間比較好。

另外，根據當下的情境不同，利用時間的方式也會跟著改變。如果是在家空出兩、三個小時的話，能用來「上Netflix看個電影」，但在工作場合就不能這樣做了。

還有，假如空出了三小時的時間，也不是一定只能用「一件」事來打發掉這段時間，想各花一小時去做三件事情也沒問題，因此先假設好哪件活動會花費多少時間比較好。

例如「打掃房間」這件事，要做的項目會根據只花十五分鐘解決，還是要花上一小時處理而有所改變，「簡單打掃一下」跟「像在大掃除一樣認真打掃」所花費的時間當然不一樣。盡可能描述得詳盡一點，實踐時也會比較方便活用。

那麼，就依照會空出「閒暇」時間長短的各個情境，預想並寫下可以採取的活動，以及該活動可能花費的時間吧。

範例表格

※像這樣的表格可以分成【自家篇】、【工作篇】、【外出篇】等情境。

閒暇時間	活動	可能花費時間
30分鐘～1小時	（例）用手機看影片	15～30分鐘
2、3小時	（例）整理、整頓衣櫃	1～2小時
半天		
一天		

為了達成「良性的消遣」，每天都要確認壓力程度

那麼，現在談到如何讓空閒時間不是無聊地消磨掉，而是要懷著積極正面的心情度過的話，具體來說要怎麼做的階段了。

但為了實踐這一點，其實有件事情希望各位平常就要放在心上。

那就是**「讓自己很有精神」**。

就像先前也有提過的例子，閒暇的假日雖然有想做的事情，卻因為身體疲憊不堪而動彈不得，或是因為累積太大壓力而讓心情感到煩躁，如此一來也無法樂在其中。不如說，可能還會因為「天啊，明明就有想做的事，一整天卻都在耍廢中度過了！」這樣的想法，而陷入自我厭惡之中。

因此**平時就要特別留意維護身心狀態**。

各位可以立刻想到當自己累積太多壓力時，會出現什麼樣的反應嗎？舉例來說，會有下列幾種常見的反應。

- 很容易覺得煩躁
- 睡不好，感覺睡不飽／睡太久
- 早上起床時身體很沉重
- 身體沒有什麼不舒服，但就是覺得身體很沉重
- 沒胃口／暴飲暴食／甜的東西吃太多
- 喝的酒變多
- 健忘（恍神）的情形變多
- 回過神來發現自己茫然地在想些無關緊要的事
- 腸胃狀況不太好
- 要設想以後的事就覺得痛苦
- 凡事都提不起勁
- 凡事都覺得很麻煩

這些情況應該任誰都心裡有數，但感受到壓力時會有的反應也是因人而異。

另外，在以外在的形式顯現出來之前，心理層面也會給出各式各樣的警示，為了察覺這一點，最重要的是平常就要多加留意自己的內心狀況。

尤其像是下列這些類型的人，會有難以察覺壓力的傾向。

- **由於身體很健康也不太容易生病，因此過度相信精神層面也同樣強韌**
- **以他人為中心而活，生活上一直顧慮著外在眼光，所以容易忽視自己**
- **因為不斷驅使理性思考來壓抑情感，即使自己的內心已經發出哀號也察覺不出來（有時會因此突然病倒）**

為了避免變成這樣的狀況，我**建議各位可以設定一個感應壓力的指標，進行固定的觀察。**

舉例來說，早上剛起床應該要是一整天最有精神的時候，因為不只是身體狀況，睡眠也能調整心理狀態。

因此確認早上起床時的心情或身體狀態，是最合適的觀察面向。

另外，在飲食方面也可以留意一下。

明明平常都會自己帶便當去公司，要是產生「今天在附近的便利商店解決就好了」的念頭，說不定就是壓力堆積的證據。

由於睡眠跟飲食都是每天必須的東西，正好可以是觀察身心的固定項目。

用主動的心態，去看消磨時間時常會用到的社群平臺

休閒時間要如何舒適地度過呢？這可以視作與「如何度過充實人生？」相關的重要問題。

如果在空閒時間看起社群網站或YouTube時，比起「漫無目的滑著手機」，「找找可以能在工作跟生活方面派上用場的妙招」、「看看能在工作上運用的點子」等比較能提升內心的充實程度。當然，「看些貓的影片來療癒一下疲憊的自己」也是有意義活用閒暇的方式。

也就是說，在空閒時只是「被動地」看著社群上的資訊，跟「主動地」去找資訊看，其中也有很大的差異。

就這層意義來說，像電視這樣的被動媒體其實不太適合做為消磨時

間的手段。應該也有不少人有過並不是有特別想看的節目，只是漫無目的地開著電視，結果感到後悔的經驗。

為了可以「主動地」消磨時間，平時就有著某個目的比較好。不是多了不起的目的也沒關係，抱著「好想買個可愛的飾品喔」這樣的目的點開Instagram，即使只是茫然地看著，之後感受到的意義也會跟著改變。

換句話說，**重點在於要時不時確認自己的興趣、興致、喜好、欲望之類的心情。**

所以重新審視一下自己感興趣、喜歡的東西，並筆記下來吧。只要將這些事情記錄在手機備忘錄之類的地方，浪費空閒時間的次數就會減少了吧。

處理單調作業時的心理狀態最適合消磨時間

沒有什麼特別要做的事的空閒時間，也是有沒辦法主動做點什麼的時候。這種時候**我推薦一個可以避免情緒化的訣竅，那就是做些「單調作業」**。默默做著眼前的事有助於集中注意力，而且大多單調作業都可以不假思索地動手執行。

其實**在從事單調作業時的心理狀態，跟「熱中地做著想做的事」時還滿相近。**

例如負責本作的Ｋ編輯就會在庭園除草，根據他的說法，不但可以專注於一件事情，庭園也變得整潔許多，會讓人覺得神清氣爽。另外，也有人會進行編織，由於要一邊拚命數著網格一邊動手編織，腦袋不會想多餘的事情，而且漸漸完成一件作品也很令人開心。還有，某間酒吧老闆說在閒暇時會一直擦玻璃杯，不但可以放空心神，杯子還能變得亮晶晶的，讓人覺得心情很好。

就像這些例子，做些單調的事達成了某種意義或成果會很令人開心吧。而我在空出一點時間時，則會用手機玩些單純的益智遊戲讓腦袋放鬆一下，幾分鐘就能破關的遊戲正好適合用來消磨時間；在寫稿遇上一些瓶頸時，也會（兼作逃避現實？）埋首於那樣的遊戲一段時間，隨後就會重新湧上積極執筆的念頭（在寫這本書時也受到這款遊戲好幾次的幫助，哈哈）。

其他像是去除毛衣上的毛球、一心一意地切高麗菜絲、拖地、站上跑步機健走之類，還有一味地用碎紙機處理掉不需要的文件等等，可以想到很多類似的事情。

單調作業乍看之下不會讓人感到有趣或開心等情緒起伏，但能產生將心理引導至積極正面狀態的效果。

請各位務必活用「單調作業」，讓管理空閒時間變得更加順利。

第 3 章

了解
「閒暇時會想太多」的原因

空閒時總是會不禁去想些無謂的事的理由

接下來再從另一個角度來審視「閒暇」吧。

在第一章跟第二章也有提及，各位是否曾在空閒時間鑽牛角尖地想太多呢？

雖然稱之「自省大會」，一旦開始產生「自己為什麼沒辦法好好完成工作呢？」的念頭，思緒就會漸漸向外拓展，回過神來就會自責起「自己也太不成熟了」。

被人說成「興趣是自尋煩惱」的年輕時代

在此來談談二十幾歲時，本人還是個一般企業上班族的經驗吧。

當時的我是個系統工程師。

公司前輩人都很好，也絕對不討厭工作內容，但對於要準時前往公司，並在規定的期限內完成該做的工作，還要遵守工作上各式各樣的規定讓我感到束縛，對工作抱持著很大的痛苦。

加班時數沒有很多，週末跟國定假日通常也都有放假，因此跟「忙到辭職」那種身在所謂黑心企業上班的人相比，多出許多空閒時間。

在這樣的時間裡，我經常都在想東想西。我至今還能清楚記得下班之後，在心齋橋的車站等電車時，很常自然而然浮現以下這些想法：

「為什麼自己會覺得工作這麼痛苦呢？」

「為什麼身邊的人都能理所當然做到的事，自己卻做不到呢？」

「前輩們都對於這樣的工作樂在其中，自己為什麼辦不到呢？」

「一定是因為自己還沒抽離學生心態、這麼不成熟，才會遲遲無法成為大人。」

「將來明明想從事更高端的工作，再這樣下去的話，自己完全無法抵達那樣的境界。」

「本來應該要趁著這個時期學習英文、拓展業務知識，並蒐集各種日益漸進的、跟系統相關的資訊才行，卻沒有絲毫進展。」

沒錯，就算展開了自省大會，也只是變成一段**一味地對自己挑毛病的時間**，當時甚至還被朋友說「你的興趣根本就是煩惱嘛」。

仔細想想，自從閒到無所事事的大學時代就開始有這種想東想西的毛病，一直到開始熱中於心理學跟心理諮商之前，這樣的狀態還持續了好幾年。

若是由現在的自己替當時的自己作個心理分析，可以列舉出幾個之所以一直在煩惱的理由。

（1）應該這樣做、理應那樣做等自導自演的規矩束縛著自己

自己一直以來都是個成績還滿優異又好相處的人，因此會相當顧慮周遭其他人對自己的看法，也就是還滿自以為是的那種人。

這樣的個性會拿自己跟身邊的人相比，並懷著「做不到這點小事很奇怪」、「如果承認自己不會，就會失去他人的信賴，所以必須靠自己想辦法解決才行」之類的想法，被自己的思考訂出的框架束縛得動彈不得。

（2）自尊心高，還相當瞧不起當時的自己

就只有自尊心特別高，但若完全追不上擅自決定「應該要這樣做」的理想狀態，就非常厭惡、更加覺得瞧不起真正的自己。

所以才會因為「應該要這麼做才對、應該要再更努力、應該要確實給出成果才行」的念頭而逼迫自己。

但這種事情不可能隨隨便便就能做到，於是又更強烈否定自己，變

得更加沒有自信。

（3）身邊全是工作能力很強的人，一心只覺得焦急，完全沉靜不下來

當時總是處於想著「得盡早給出成果才行、得趕快成長才行、得趕緊獨當一面才行」而感到焦急的狀況，日子過得一點都不踏實。

而且當時隸屬的工作團隊不但所有人都很專業，也全都是工作能力很強的人，因此我待在那邊覺得相當膽怯。

明明只要虛心向人請教就好了，卻受到自尊心的妨礙，凡事都想靠自己解決，也給前輩們添了不少麻煩。

（4）對工作一點自信都沒有，也很討厭這樣的自己

這種狀況下，我對工作一點自信也沒有，總是覺得自己很難堪。會沒自信也是理所當然的吧。

只會高舉著理想，自尊心也很高，還處於一點都不沉穩的狀態。比起一步步踏實地去做，更像是要去配合那個高度做事。

工作上當然會出錯，也有所疏漏。都是基於裝出一副「自己很有工作能力的樣子」去做的，不可能培養出什麼自信。

理所當然地，也沒辦法愛這樣的自己。

(5) 沒有發現公司這個制度並不適合自己

其實這可說是最終也是最大的理由。即使覺得工作痛苦，不過與其說討厭工作本身的內容，不如說可以算是喜歡。

但要每天在同一個時間前往同一個地方，在規定好的場所完成別人交付的工作，這般以當時的上班族來說理所當然的制度，並不適合自己的個性。所以才會產生強烈的束縛感，覺得很不自在。

可是當時的我將那解讀成「是因為還沒抽離學生心態」進而否定。

說得誇張點，那說不定就像「明明是不會喝酒的體質，卻因為不會喝酒而覺得自己很奇怪甚至自責的狀態」一樣。

那麼，大概就是基於這樣的理由，上班族時代的我可說是「一有空閒就在煩惱」的狀態。不，甚至可說是積極空出時間，好用來煩惱。

像這樣以自己為題材深究下去，以結論看來，我認為只要一有閒暇就會想太多的最主要理由，在於「以他人為中心活著」。

想太多的理由❶

以他人為中心，想要一直回應別人的期待

上班族時代經常想太多的我，同時卻也是備受公司期待的人才。本來要經過兩次面試才會被錄取，我只經過一次面試就被錄取了，看來我很善於將自己好的一面表現出來（笑）。

我從小就受到身邊的人期待，而且也從來都沒有辜負他們。「一直回應他人期待」的生活方式乍看之下好像很美好，其實有著很大的陷阱，那就是會認為**「回應他人的期待就是自己的自我特質」**。

也就是說，生活中總是會感受到**「能夠回應他人期待的才是自己，不需要無法回應他人期待的自己」**這樣的壓力。

而且這個壞習慣也會出現在工作以外的層面，要當個「好的戀人」、「好的友人」，要做為「好的客人」，也要是個「好的住戶」。

說到底，為了「回應期待」，就得要有個會對自己寄予期待的人存在。既然這樣的生存之道要受到他人期待才會成立，其實也就是處在相當「以他人為中心」的狀態。

要是覺得回應他人期待是自我特質，進而就會自己營造出那份感覺。換句話說，實際上明明沒有受到那麼大的期待，卻以為自己受到期待而採取行動。

例如戀人並沒有期盼我是個那麼優質的男朋友，自己卻擅自描繪出一個理想的男友形象，並自以為對方抱持這樣的期待而採取相應的行動。

然而看在對方眼中，只是我單方面提高難度，而且為了身為戀人的自己想要超越那個門檻，這很令人困擾對吧？況且還會說出「我為了妳這麼努力，為什麼完全不肯認同我呢？」這種不滿的話，是個滿沉重又可怕的傢伙，完全可說是變成情緒化男友的狀態。

想太多的理由❷

以他人為中心，但是自尊心高

當時總是覺得「自己應該要這樣做」的我，理所當然有著太高的自尊心。

自尊心高的人會被視為很難搞的人物，而且到處都埋著地雷，讓身邊的人總是要多加顧慮。

忘記當時是從哪裡得知的一個心理測驗，如下：

「你走在森林當中，這時面前突然出現一道牆壁，請問那道牆有多高呢？」

測驗中**牆壁的高度就是自尊心的高度**，而那時候我想像中的牆壁非常高聳、堅硬又無機質，身體甚至還要向後仰才能看到上方，但自尊心高的自己反而對此結果感到開心不已。

在那之後隨著學習心理學，才得知**所謂自尊心是「為了保護心靈脆弱的自己的防護牆」**時，我受到了很大的衝擊。

換句話說，自尊心高的人很容易就會受傷，所以必須豎起一道高牆保護自己，很可能其實有著一顆玻璃心。

另外，如果內心有著一道宛如在《進擊的巨人》[1]中出現的那種高牆，為了保護自己，就不得不把注意力放在牆外的世界。對他人抱持不信任感，總是處在提防著不讓自己受到攻擊的狀態，而且一旦受到某種攻擊就必須立刻做出反擊，因此內心總是懷抱著滿滿的不安及恐懼。

這也是處在「以他人為中心」的狀態。

想太多的理由❸

以他人為中心，陷在理想主義之中

有種價值觀稱為「理想主義」，其他像是「正確解答主義」、「完美主義」也是有著相似的含義。

如果高舉著「應該要這樣做」的理想，並為了實踐而努力不懈，雖

1. 日本漫畫家諫山創創作的漫畫作品，故事中的人類居住在由高牆包圍的城市，對抗牆外會吃人的巨人，並同時找出關於巨人的真相。

然是很好的行為，但若只是標榜著這樣的理想然後責怪沒有達到那個目標的自己，那就單純是在欺負自己而已。也就是拿理想跟現實相比，並一直苦惱於兩者間的差距。

一旦陷入理想主義之中，總是會給自己定下太高的目標。

舉一個我客戶的例子來說，去考多益（TOEIC）時她抱持著「既然是歸國子女，考到八百分以上是理所當然」這樣很高的目標，但很可惜的是最後考了七百五十分，這讓她感到自責不已，並再度挑戰一次。第二次確實很厲害地考取了超過八百分的好成績，但她卻一點也不感到滿意，又因為「都考第二次了還拿不到九百分才有問題」這樣新的想法，而陷入「自己真的很糟糕」這樣欺負自己的狀態。

各位或許會覺得怎麼可能，然而陷入理想主義之中的人狀況確實像如此，都差不了多少。

在當上班族的我，也是因為在備受期待的狀況下錄取，而總是抱持著「做到這點程度是理所當然的吧」的想法，明明就沒有累積多少經驗，卻想做到跟前輩們一樣的程度，實際上當然做不到，然後就會責怪自己怎麼這麼不成熟。明明當下只要做點努力想辦法追上就好，卻只會一心感到焦急，不斷做些白費工夫的事。

前輩雖然有溫柔地對著這樣的我諄諄教誨，但我還是逞強地獨自扛著工作直到幾乎撐不下去的時候，結果還是得勞煩前輩協助。

像這樣的**理想主義**，也能說是**注意力都放在「理想的自己、應有的樣貌」這樣以他人為中心的狀態。**

想太多的理由❹

以他人為中心，認為錯在自己

那麼，說到我離職的直接理由是「公司這個制度本身就不適合自己」。然而自從進公司以來，我總是在責怪受到公司這樣的制度束縛，並感到不自由又不自在的自己。

看著工作能力強、私人生活也過得很充實，完全是個標準上班族的前輩，以及雖然身處不同團隊但每天也是按部就班地完成分內工作的同事們，我就會覺得對於公司這個制度本身感到很大壓力的自己沒資格當個社會人士、也抽離不了學生心態，覺得「自己為什麼就是不能像身邊的人一樣，將工作處理得很好呢？」

一心想著「自己的工作能力必須跟大家一樣強才行」，為此感到焦慮不已。

簡單來說就是認為「自己很不對勁，身邊其他人才是對的」。

在**「要是不盡快矯正自己的狀態，就會不被身邊的人所需要」**的念頭當中掙扎。

這也完全是以他人為中心的狀態。

就結果來說，我後期開始兼任上班族跟諮商師兩種身分，後來因為諮商師的工作實在太有趣，便決定辭掉上班族的工作。那時身心都覺得輕快不已的感受，我直到現在還是記憶猶新。

後來我在工作方面有了很多自主權，也可以自由決定要工作的時間，最後我在有一定報酬的獎金制度下工作，得到的薪酬依績效而定，讓我做起來也覺得意料之外地開心、有趣，還很有成就感。

這時我再次體認到**上班族的工作方式不適合自己，以及原來自己是個很喜歡工作的人這項事實。**

想太多的理由❺

以他人為中心，自我肯定感低落

總結我的上班族時代，無論理由為何，我對自己一點自信都沒有。

總是感到不安及焦躁，而且對於沒出息的自己抱持滿滿的厭惡感。

其實在身為上班族而苦惱的時期，我也結婚了。現在想想真的覺得，就連那樣苦惱不已的自己都願意接受的妻子，真的是個很厲害的人（苦笑）。

當時的我在工作方面的自我肯定感相當低落，處在以他人為中心的狀態中，相當在意其他人眼光。在碰上諮商師這個天職的機緣之前，我真的過著很痛苦的日子，因為失眠症而必須定期到身心科就醫，為了從痛苦中抽離，不只是心理諮商，我也仰賴了各式各樣的治療方式。（現在想想，多虧了那段經歷讓我見識到各式各樣的世界，也對現在的工作起了莫大的幫助。）

如果自我肯定感低落，就會覺得自己非常難堪又沒出息，而且還會到處顧慮身邊的人，總是會不斷想著「該怎麼做才好？自己是哪裡做錯了？身邊的人都會怎麼想？這樣真的好嗎？」之類的事。

也就是說，會養成胡思亂想的習慣。

我只要一有空閒時間就會思考，腦子裡總是忙碌不已，相較起被工作追著跑的上班時間，通勤時、睡前或是休假日比較容易想太多。

如此一來，血液大量往頭部流動的狀態就會一直持續下去，導致神經疲憊。然而身體並沒有感到疲勞，因此睡眠品質會很差，早上就會遲遲起不來。就算好不容易起床，撐起身子時也會感到相當沉重，腦袋很難清醒過來。

即使如此依然會繼續胡思亂想，這就是生病的狀態。

只是一點空閒時間，就會讓自我肯定感低落的我陷入生病的狀態。

不能一直想去解開沒有正確答案的問題

這是當時的我常會做的事，而且從事諮商師工作的現在，一邊傾聽客戶的話時也會有這種感覺。

那就是**「是不是一直在思考沒有答案的事情呢？」**這一點。

此時在想的事情究竟真的會有（正確）解答嗎？而且就算繼續這樣獨自思考下去，真的就能得出答案嗎？有時候會感覺像是「目的在於思考，而不是得出答案」。

在此舉個具體的例子進行說明。

明明約好假日要去約會，到了當天對方卻突然表示「客戶那邊約我去打高爾夫」而臨時取消。

突然空出時間，就開始想「為什麼不早點跟我說呢？」、「會有人當天才約去打高爾夫嗎？」、「對方真的是客戶？」、「他說的客戶是男性嗎？」、「說不定是去跟其他女性見面？」、「LINE回得好慢」、「天都黑了怎麼可能還在打高爾夫」、「我看他果然是跟女性在一起吧？」、「是對我不感興趣了嗎？」、「是不是跟他分手比較好……」然後一天就這麼過去了。

如果現在有人像這樣找我商量，我就會立刻給出**「那是想破頭也不會知道答案的事吧」**這樣的忠告，並向對方說明「因為真正的答案就只有他自己知道」。

然後再補上一句「妳不相信他對妳的愛情吧」。

不只是我，如果對方找朋友商量，應該也會得到相同的回應。

自己不斷增加疑問，無論再怎麼想去解開，也只會凝聚更多負面思考而已。這就是旁觀者清、當局者迷，自己處在那個狀況裡面，就會不斷去思考沒有答案的問題。

再怎麼想也不會超出自己的思考範疇

過去也會不小心就想太多的我，想告訴各位的就是：「我們再怎麼想，終究都不會超出自己的思考範疇。」

也就是說，**很難產生超出自己所設下的範疇之外的想法。**

各位知道一種叫「九點拼圖（Nine dots puzzle）」的謎題嗎？

就像左圖那樣，有九個間距相同的圓點。

請用使用四條直線，並且一筆就將九個點全部連起來。

但不可以在同一個點上通過兩次。

請各位仔細思考一下這個益智謎題。

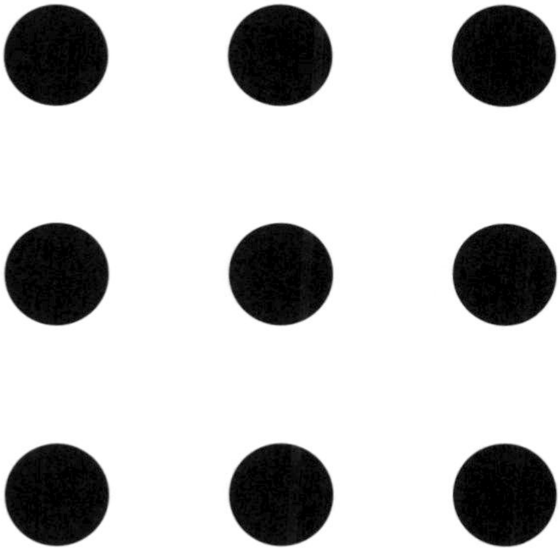

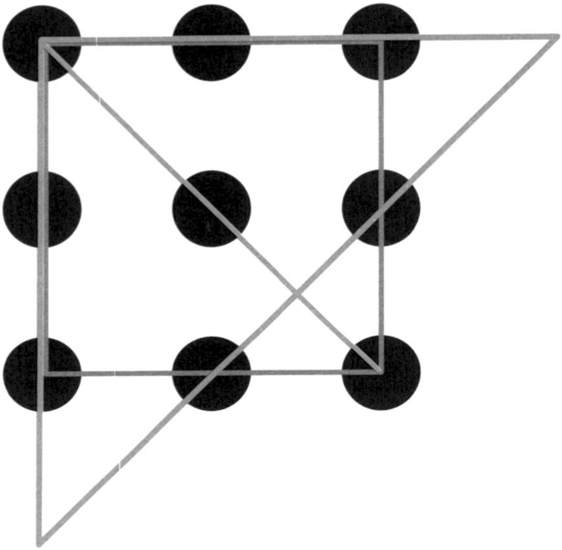

正確答案是藍色的這條線。

如果想一筆畫出四條直線並通過所有圓點，就必須超出這個用灰色框出來的範疇對吧。

但我想，大多數人都會一直在這個框架的範疇裡，思考如何畫出可以通過所有圓點的線。

不超出這個灰色框架就得不出答案……換句話說，在此是利用這個九點拼圖指出**「超出自己的思考範疇很重要」**這一點。

先前說過對於我曾抱持的「我為什麼就沒辦法好好當個上

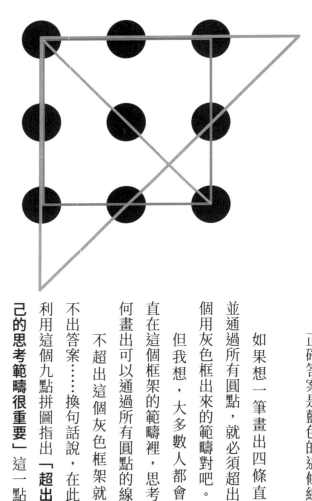

班族呢？」這個疑問，答案是「自己本來就不適合當個上班族」，但這是在我思考範疇（灰色框架）之外的解答。

要靠自己一個人引導出這個結論應該相當困難。

就這個層面來看，也可說是「說到底，凡事都想那麼多真的有意義嗎？」

現在的我在面對容易想太多的客戶時，會跟對方表示：「我不是說思考不好，但**還是不要去想沒辦法在五分鐘左右想出答案的問題比較好，因為這就表示那是在自己心中沒有解答的問題。**」

當然，如果是很喜歡邏輯思考，也超喜歡透過這樣的方式引導出答案的話，對於這樣的人是沒關係；但若並非如此，而是「為了思考而思考」、「在思考沒有解答的問題」的話，再怎麼想也只是在傷害自己而已。

想再久也不會有任何改變

不小心就會想太多的人聽了可能會覺得有些刺耳，但**「只是在腦子裡想」也難以改變現狀**。

不小心就會想太多的人，會變成「思考」才是其目的。

所以就算經過思考並得出答案，接著又會開始思考「那真的就是正確解答嗎？」接著搬出各式各樣的道理，試圖去證明得到的答案是錯的或者不完整，然後再重新思考一次原本的問題。

若是覺得得出來的答案是正確的話，還會感受到一股莫名的滿足感。

就像是「解開一個問題了」的喜悅感吧，然後就會因為那個問題已經得到解決，於是**又準備下一個問題開始思考。**

想要改變現實的話就必須實際執行，但由於這種狀況的整段過程只在腦子裡進行，很可惜地，並不會發展到執行的階段，因此就結果來說就是「沒有任何改變」。

那如果想改變現實狀況又該怎麼做才好呢？

閱讀本書的各位讀者想必都學了很多東西，應該會有很多人認為「意思就是不要只會思考，而要採取行動對吧？我常聽到這個說法！」過去的我也是這樣想，所以很了解各位可能會有的想法。

「採取行動」確實也很重要，但難道你不會這樣想嗎：

「我也知道採取行動就好，但就是辦不到啊。」

為什麼會辦不到呢？

因為個性懶散？因為其實也不想改變？

感覺又會開始思考一個沒有正確答案的問題了呢（笑）。

為什麼會辦不到呢？真要說起來，是因為我們的行動並不是從「思考」而起。

人通常是伴隨著「情感」才能採取「行動」。

假設你「想」了「房間好亂，該打掃整頓一下」這件事。如果思考可以促成行動的話，產生這個念頭的當下你應該就會去拿起吸塵器了才對。但不覺得在這樣想的時候，會因為感到麻煩而無法實際行動嗎？即使頭腦覺得「該打掃了」，情感卻似乎覺得「不要啦～好麻煩喔～」的樣子。

也就是說，**內心感受到的情感，具備遠比用頭腦思考還要更大的力量。**

所以就算想了很多，覺得「如果這樣做就好了」，卻遲遲無法採取行動，那原因就在於情緒上拒絕執行。為了要實際拿起吸塵器打掃，就必須轉換心情，讓情感變得「有那個意思」才行。

簡單來說，最重要的就是要好好接受「光是思考的話既無法行動，也不會有任何改變」這件事。

在想個不停的背後，說不定隱藏著「不想感受到的情感」?!

要引發變化的重點在於情感。即使知道這一點，我們肯定還是有著凡事都想太多的傾向，然而我們之所以會去思考這些沒有答案的問題，還存在著一個更重要的理由。

那就是**為了讓注意力從「不想感受到的情感上轉移」而思考。**

是否曾在心生不安時，去思考完全無關的事，好分散注意力呢？或是在感受到強烈的怒氣時，去尋找可以分散自己注意力的事情呢？還是在發生備受打擊的事情時，為了逃避現實而開始去思考其他毫不相關的事情呢？

當我們在日常生活中接觸到不想感受到的情感時，會為了不去面對那股情緒而刻意陷入思考之中。凡事都會不禁想太多的人，說不定也可以試問自己的內心：「是不是有著某種不想承認的情感呢？」（話雖如此，畢竟是不想感受到的情感，或許也要先作好一定程度的覺悟。）

例如因為自己的一句話而傷害到對方時，會讓我們感受到罪惡感，但有些時候就是無法坦率地道歉。這種時候我們會為了讓自己的發言正當化而東想西想，這是為了將那股罪惡感蒙混過去；為了不去面對，而利用思考**讓自己深信「我沒做錯」。**

又或者是否曾在要作出某種決定時，太過在意可能會失敗以及身邊其他人的反應呢？說不定當時也有過藉由做其他完全無關的事情分散注意力，並將決定往後拖延的經驗。這也是因為比起作出決定，更不想面對恐懼及不安，才會去思考其他事情。

想太多的人的思考習慣❶

跟過去比較

閒暇時我們常會不經意產生的思考之一，就是**回憶「那時候真美好啊」並沉浸在過去的事情當中。**

各位是不是也有過「高中時代開開心心地真好啊，好想回到那個時候喔」這樣的想法呢？或是隨著年紀增長在各方面都感受到衰退時，因為「唉，已經不年輕了」而備受打擊，並想著「以前明明還能怎樣怎樣……」之類的呢？

只要去居酒屋，就很容易碰上三杯黃湯下肚的上班族說些像「還是前任部長的時代比較好耶，都會讓我們自由發揮」之類緬懷過去的話，或是「以前的我可是很厲害喔」這種談論英勇過去的情境。

我們容易因為「現在過得不幸福」而感到煎熬，所以會回想起過去美好的時期，並沉浸在那段回憶當中。

當然，這僅限於有空閒的時候才會這樣做，如果眼前該做的事情堆積如山，也很難擠出這樣的時間。

換句話說，我們會不禁把時間用在**「既然現在不幸福，有空時就回憶過去東想西想」**這件事情上。

任誰應該都能想像得到這並不是多有意義的一件事，並且搭配先前提及的理由，大概也能明白箇中道理在於「因為覺得現在過得不幸福，不想面對這樣的心情，才會去回想感到幸福時的回憶」。

我們都只活在「現在」，無法再對已成「過去」的事情做些什麼，「未來」則是因為還沒到來，所以也不知道會如何發展。

然而**我們能感覺得到，一點一點堆積起的「現在」就稱作「未來」**。

所以我們雖然都非常重視「活在當下」這件事，但當現在感受到的是討厭的情感，就會因為不願面對，而不禁「刻意」回想起過去所發生的、那些美好的事情來慰藉自己。

這麼做說不定是有著短暫慰藉心靈的效果，卻無法給眼前的「當下」帶來任何改變，而且也有可能因為回想起過去感受到的幸福，反而覺得現在更加煎熬。

要是還想著「早知道那時候那樣做就好了」、「要是沒有發生那件事」、「如果人生可以重來」之類因過去感到後悔的話，想太多的習慣就會變成惡性循環。

這時就**別再「回想過去」，而是要將注意力轉換成「感受當下」**。

如果有那個閒暇回顧過去，倒不如**將當下感受到的心境筆記下來，整頓一下自己的心情，對未來還比較有幫助**。

想太多的人的思考習慣❷

太在意未來

接著就是與❶相反，因為未來的事情而想太多的狀況。

「一想到未來的事就會感到很雀躍，並將時程回推到現在，著手安排現在能夠做到的事。」如果是為了達成目標或夢想，這就是一種很棒的方法。

然而儘管想像著未來也感到雀躍不已，但沒有與現在這個瞬間連結在一起的話，那就只能稱作「空想（Fantasy）」而已。

例如想像著「如果在這間公司安穩地做下去，幾年後可能就會升上主任，薪水也會增加不少吧」並感到雀躍，還堅信未來一定會這樣發展，但對於眼前的工作只是隨便處理的話，結果會怎麼樣呢？幾年後真的能夠晉升為主任嗎？

還有其他像是，欣喜地想著「照這樣交往下去，他應該就會向我求婚，如此一來我終於也要結婚啦！而且他最喜歡我了，一定沒問題！」卻忘了自己也要好好愛對方，幾個月後可能就會哭得泣不成聲，也是有這樣的例子吧？

沒有跟現實情況連結在一起的空想，有時也會被自己當作是一種「慰藉」，例如因為失戀而感到相當煎熬悲傷的時候，想著「總有一天一定會出現一個更好的男朋友向我求婚」，多少可以舒緩一點受傷的心。

但是不是也會有與這種念頭相反的負面想像，還因此感到更加消沉呢？

「說不定再也沒辦法認識比他更好的對象了」、**「我可能再也無法愛上任何人」**、**「如果往後都是孤單一人怎麼辦」**、**「說不定會單身一輩子最後就孤獨老死」**像是這樣。

這些例子或許是比較極端一點，但想像了不幸的未來，心情就會跟著消沉下去。若是論及「是不是要為了避免這樣的未來而採取具體的行動」，然而人**沉浸於空想中的時候，卻又不會實際行動。**

一旦像這樣開始思考起空想中描繪的未來，而且這樣的未來又能任憑自己打造，就會逕自沉浸在自己捏造的未來故事中，心情也常會隨之起伏。

這種時候最重要的就是**將注意力轉向「現在、當下」**，要是有著想逃避的煎熬現實，與其獨自肩負到生病，不如找個對象傾訴，事先作些心靈照護。

就像先前也說明過的，**即使你處在當局者迷的狀態，旁觀者意外可以冷靜地釐清。**

想太多的人的思考習慣❸

與他人比較

各位小時候有沒有被媽媽這麼說過呢？

「姊姊都能自己收拾得很乾淨，你為什麼就是辦不到呢？」

「聽說隔壁的Ａ小妹都會幫媽媽的忙耶，你也多少學學人家吧？」

「你那個堂哥好像考上國中了呢，但你就不像哥哥那麼會念書嘛。」

我們從小就會經歷像這樣「被拿來與周遭其他人比較」的事，不只是家庭內部，在學校亦然，像是被老師罵說「Ｂ就能乖乖聽話並保持安靜，你是要吵到什麼時候啊！」之類。

這原因可能在於**日本人有著「要跟大家一樣」的價值觀。**

在新冠疫情期間引發話題的「同調壓力」，也是因為背後有著「既然大家都是日本人就應該要採取相同的行動」這樣的考量。

日本人特有的這種價值觀，在遇到災害時可以成為互助的力量，因此不能全盤否定，但確實有著會過分與他人比較的一面。

另一方面，像是對於接納許多移民的國家來說，民眾普遍認為價值觀不同是理所當然的事。既然本來就不是出自相同民族，那拿他人來跟自己相比也沒意義，這樣的想法就跟日本形成對比。

因為我們從小就會被拿來跟周遭其他人作比較，這樣的想法便根深柢固，尤其過了青春期之後，還會自己拿自己跟周遭其他人相比。

「那傢伙不但擅長運動、成績又好、很受女生歡迎，但我就完全不受歡迎。」

「我的頭髮有自然鬈，好羨慕那個人有著一頭漂亮的直髮。」

「那個人家裡很有錢，想要什麼家裡都能買給他，好好喔。」諸如此類。

各位是不是也曾度過會拿一些瑣事將同學跟自己相比，心情因此隨之起伏的時代呢？

即使長大成人，那種情形也依然會持續下去。工作上可能會比較同儕跟自己在公司裡的評價；朋友要是早自己一步結婚，當然會替對方感到開心，卻也會覺得消沉；獨自外出買東西時，看到感覺很幸福的情侶會將之與自己相比，並感到挫折。總之只要察覺到一點不同的狀況，就會拿他人跟自己相比，說不定還很常會因此東想西想到無法自拔。

而且交到戀人或是組成家庭之後，自己也會不小心對另一半做出如果是自己被拿去比較，也會覺得不舒服的事情吧。

像是說出「欸，C小姐的老公好像很會做菜，週末晚餐都是由老公負責下廚的樣子，如果你好歹也會下廚料理就好了呢」這種挖苦的話。

總之會像這樣心生嫉妒、沉浸在優越感之中，或是因為自卑感而消沉。然而，去思考與他人相較之下的自己如何，這種事情究竟有什麼意義呢？

如果可以因此激勵自己「我也不能輸！」那倒還好，然而現實卻是……

其實會像這樣拿周遭其他人與自己相比並東想西想，說不定也是因為「太閒」的關係。

要是全神貫注地做自己該做的事，那就一點都不會在意其他事情了吧。

實際上，忍不住與他人比較，也是處於「以他人為中心」的狀態呢。

這時只要能將注意力放在「自我中心」，抱持「自己是自己，別人是別人」的念頭，就不會再因為與他人比較而導致自己感到消沉的情況了。

在與他人相比而感到消沉時，趕緊回過神來詠唱「我是我，別人是別人」這句重新找回自主權的咒語，或許也是個不錯的方式。

獨自想太多，也只會徒增嚴重性

自己東想西想太過度的話，事情也會變得「嚴重」，讓人越來越鑽牛角尖。

尤其個性越是認真的人，就越容易陷入將事情嚴重化的陷阱之中。像是當我還是個上班族時，也因為對自己沒有自信，回過神來就養成了把事情想得太多、太嚴重的壞習慣。

而從事心理諮商的現在，時不時就會遇到以自己的念頭為基礎，再加上其他想法，讓表情變得越來越凝重的客戶。

例如「我在工作上不斷失誤而惹前輩生氣，我覺得這是因為自己能力不足的關係」，以這樣的「念頭」為基礎，還更進一步產生「一想到公司會不會有一天不再需要這樣能力不足的人而把我開除，就感到很不安」**這樣追加的「想法」**。

這時我會詢問對方：「啊，不好意思可以打斷一下嗎？經常失誤真的是因為能力不足的關係嗎？」但當事人都是一副除了這點之外，想不到其他原因的樣子，驚訝地問：「咦？難道不是嗎？」

我進而解釋：「也有可能是那份工作不適合自己，或者是為了避免做錯事反而給自己太大壓力，如此一來任誰都可能出現失誤。我覺得比起能力不足，應該還有著其他原因就是了。」之後，對方就會回應：「咦？我從來沒有這樣想過。」

一如這個例子，常會出現越想越多因而越來越煩惱的狀況。約會被對方臨時取消的女性也是，最後就會苦惱於「他肯定是劈腿了」的想法。

這也可以被稱作一種空想，但最重要的是**要喊著「給我等一下！」並給自己的思考踩下煞車**。

話雖如此，很多人都像她那樣，對於那是正確的想法深信不疑，很難自己察覺「不盡是如此」吧。

我時不時就會說：「想法很多都是自己誤以為，卻堅信不疑，其實也有很多是不正確的觀念。」但當事人這樣的想法似乎已經根深柢固，很難立刻有所改善。

所以，我才會覺得**營造出一個機會，跟身邊其他人談談關於自己的事**相當重要。無論是朋友或是家人都好，如果是難以對認識的人開口的煩惱，也可以利用網路上的匿名提問等資源。

要是身邊沒有能夠談談、協助自己解決事情的對象，心理諮商師就是為了這種時候而存在。建議各位在因為想太多而生病之前，可以先試著找諮商師商量看看。

只要想「算了啦」，大多事情都能順利進行

不只針對會想太多又想得太嚴重的人，我在各種狀況下都會給出**「只要想著算了啦（哎，算了啦）」**的建議，簡單來說就是「隨意就好」。

要個性認真的人這麼想還滿困難的，因此我常會拜託對方**把「算了啦」當成口頭禪。**

這句「算了啦」所帶來的心理效果相當出眾，不只是會讓人不把事情看得太嚴重，還能退一步客觀審視現在的狀況，真的可以比較輕鬆處理各種事情。

例如想著「今天的商談雖然非常重要，但就算進行得不順利也就算了啦」，反而可以放鬆地自然交談，也能更認真傾聽對方說的話。

把「算了啦」當成口頭禪的話，也會漸漸養成「算了，總是會有辦

法解決啦」這樣輕鬆的思考態度，自然就可以放膽地想「也只能想辦法解決了」，進而讓內心變得較為從容。

當「算了啦」的想法根深柢固之後，**就可以抽離凡事都想太多的狀態。**

話雖如此，動不動就想太多的習慣也不是這麼簡單就能改掉。

所以才要在遇到各種狀況時都不斷說著「算了啦」，藉此漸漸切換原本的習慣。一旦開始鑽牛角尖思考某些事情時就想「算了啦」，如果回想起過去而感到難以排解時也想「算了啦」。

請試著在日常生活中的各式場合不斷說著「算了啦」。

如此一來，應該就會發現**日子過得比想太多的時候還要輕鬆**吧。

即使覺得「這麼隨便的人會不被信賴」，但其實身邊的人對這樣的自己在評價上並沒有什麼改變，不如說大家反而還會覺得你看起來人很好。

也就是說，無論是把事情想得太嚴重，還是以「算了啦」這樣的心態輕鬆看待，現實都不會有太大的改變。不只如此，心情也會變得快活、覺得比較輕鬆，因此而順利發展的事情有時也會變多。

而且既然不會對事情抱持不合理的期待，也因為退一步審視事物進而拓展視野，回過神來就會發現自己的氣度變大，也比較從容。

「算了啦」表面上雖然會給人既「敷衍」又「隨便」的感覺，但在日文裡同時也有著「恰當」跟「剛剛好」的解釋，這麼看來就能清楚得知這是讓內心抱有餘裕的一種方式。

就像這樣習慣性去想「算了啦」之後，**至今用來想太多的時間說不定就會隨之空了下來，變成意料之外的閒暇**。

試著對自己說：**「反正這樣就不會想太多了，算了啦。」**屆時若碰上空閒時間，應該也能不想太多、悠哉地度過了。

管理想太多的時間，省下浪費的時間

「算了啦」的想法定型之後，在成為一個**「堂堂正正的隨和之人」**之前，或許會因為跟原本想太多的習性相互矛盾而苦惱。於是在此就從「既然都會想太多，那麼就好好管理那段時間吧！」的方向談論下去。

也就是**「事先決定好會想太多的時間要做些什麼」**。

想太多的時候漸漸會被思考束縛而脫離現實，變得無法活在當下。一旦陷入其中就會很難抽離，所以才要事先決定好遇到這種狀況時，固定的對策。

在此介紹幾個例子讓各位參考，以安排出屬於自己的方式。

● **衝進廁所對著鏡子做鬼臉**
● **拿出吸塵器打掃**
● **熱唱喜歡的歌**
● **當場衝刺跑出去**
● **清洗堆積在水槽裡的東西**
● **開始做些重訓或伸展**
● **去丟垃圾**
● **離開現在身處的房間，伸個懶腰、深呼吸**
● **沖澡**
● **在搭電車的話，即使沒有特別的事也在下一站就下車（除了搭末班車之外）**
● **走進附近的店面物色商品**
● **去電影院看電影**

方法有無限多種，但各位有看出這些例子的共通點嗎？

沒錯，那就是**「總之先離開現場」**。

當我們在進行思考的時候，身體幾乎是處在靜止的狀態。

不覺得思考的時候都會有種像是當機一樣的感受嗎？

所以，**如果希望自己不要再繼續想下去，可以透過「離開現場」轉換注意力**。

這是一種很簡單的情緒管理方式，像是突然覺得怒火攻心，或者莫名其妙掉淚，卻又不太好當場流露出這種情感的時候，就很建議這麼做。

而且不只是離開現場就好，如果**加碼採取某種行動，就能從想太多的狀態下抽離**。

採取的行動最好是既簡單又能立刻做到，而且自己不會覺得那麼痛苦的事情，這樣難度也會比較低。

容易想太多的人可以把這個方法學起來，**利用手機之類的東西事先**

記錄下決定好要做的事，養成一旦發現「啊，想太多了」的時候，就採取這些行動的習慣。

另外，我還有另一個推薦的自我管理方法是**「決定好要思考的時間」**。

即使是想了也沒輒的事，我們還是常會「想去思考」。

所以這時就不要勉強阻止自己思考，而是決定好「再想五分鐘」吧。

我是建議可以**設定手機鬧鐘**。但仔細想想，那些「想了也沒輒」的事情，若覺得只是定了鬧鐘就能想出頭緒的話，感覺也是滿傻的事情。

另外我還想建議喜歡思考的人，可以**「讓自己去想些更實際的事」**。

例如想想今天晚餐的食譜、這個週末的購物清單、下一趟旅行的地點等等。

這種時候**不要只在腦子裡想，而是筆記下來比較好。**

如果想太多的結果會造成心情低落，那當然最好是別再這麼做。不過你可以透過面對更加實際的事情，藉此脫離思考的漩渦。

像這樣事先決定好想太多的時候可以採取的應對方法，就能活在當下。

也就可以脫離「閒到生病」的狀態了。

第 4 章

以自我為中心思考的時間管理方法

教會你找出最適合自己的人生志業

平時多用點心以確立自我中心

現在就來想想如何管理時間，才能不在空閒時陷入不安定的情緒之中，並且度過不會後悔的時間吧。

首先要說明的就是至今出現過很多次的「自我中心」、「他人中心」這兩個詞。處在以他人為中心的狀態下，會受到他人或時間等各種因素影響，還會變成被動立場而感到相當不自在，心情也很難受。

在此我想告訴各位幾個確立自我中心的方法。

確立「自我中心」訓練❶

不斷默念「我是我，別人是別人」這句咒語

在進行心理諮商或舉辦研討會時，這句咒語是我所提倡最為簡單，又很有效果的方法。

想像著自己跟對方（他人）之間隔著一條界線，並特別留心於「自己是自己，別人是別人」這一點。只要把這句話當成吸引力法則的肯定句，每天默念幾十次，就有助於更快確立自我中心。另外可以的話，明確地說出聲音會更有效果。

這裡提及的「別人」越具體越好，就算不是「人」而是「物品」也沒關係。

像是**「我是我，公司是公司」**、**「我是我，錢是錢」**之類的句法也有效。

只要像這樣確立起「我」這個存在，就不會受到他人影響，也比較容易感到充實。如此一來，就能漸漸在自己的主導中度過眼前的空閒時間吧。

確立「自我中心」訓練❷

捫心自問「我想怎麼做？我想要什麼？」

在第二章也有稍微提及，這樣的自我中心確立法也可以用來做為有意義度過空閒時間的方法。

像是午餐時段刻意問問自己「想吃什麼？」這樣，無論遇到任何事情，都先**捫心自問：「我想怎麼做？又是想要什麼？」**

無論是在自動販賣機買飲料時、在便利商店買東西時、下班後走出辦公室時、在居酒屋點餐時，都可以默默確認一下自己真正的想法。

尤其**使用像是「我」、「自己」這種明確的主詞也很重要**。平時文句中即使沒有使用主詞也能從上下文推測出來，因此經常被省略，但這樣反而會降低對於「我」的重視，也是容易變成以他人為中心的主因。

透過在各種情況下問問自己：「我想做什麼？」不只可以確立自我中心，也能站在主導立場選擇事物。

然而，在採用這種方法並把心自問之後，內心說不定會保持沉默沒有回答，或是給出「怎樣都好啦」之類的答覆，這種狀況在平常都是「憑感覺」選擇東西的人身上越是顯著，如此一來也會察覺自己沒有以自我為中心採取行動吧。有著「想太多」傾向的人，甚至會因為被自己問了一句「我想吃什麼？」就有點陷入恐慌。

所以必須百折不撓地持續下去，當這個舉動變成習慣之後，就連在便利商店挑選商品時，也會抱持著「自己想要什麼東西呢？」這樣的心情看著商品架，同時也具備「不會亂買多餘的東西」的效果。

這是**「與內心對話」**的一種方法，如果可以在日常生活中像這樣稍微留心並做到，當空出一段時間的時候，就能發揮絕大的效果。

「距離下個行程還有兩小時，那現在自己想做什麼呢？」只要像這樣詢問自己，很容易就能接連想到「去咖啡廳喝一杯就來整理工作資料吧」、「去書店蒐集一點資訊好了」、「去附近的按摩店放鬆一下身體」之類的想法，將閒暇時間管理得很好。

隨著無所事事地度過時間的次數減少，也能過上比較充實的生活。

確立「自我中心」訓練❸

「欸，〇〇，你現在想做什麼呢？」這樣問自己

這是訓練❷中「我想怎麼做？我想要什麼？」的衍生版本。

「向自己提問」這個動作有提升自我意識的效果，若是刻意用第三

人稱、以自己的名字稱呼，也能讓人站在「客觀立場」。

站在客觀立場看待自己能夠觀察自己的內心，這樣不只可以確立自我中心，也能帶來提升自我肯定感的效果。

當我們受到自己的情感或思考束縛時，會變得太過主觀，難以客觀看待事物。這種時候常會任憑情感或主觀想法作出選擇，也很容易感到後悔。

這時只要問自己：「欸，根本裕幸，你現在想做什麼呢？」就能客觀看待自己，較不會變得主觀，也更容易與自己對話。

「欸，現在空出了兩小時的時間。根本，你現在想做什麼呢？」

「嗯～雖然知道必須寫稿才行，但好像不太能專心，還是先休息一下再處理比較好。」

「這樣啊。你說休息一下，那具體來說是想做什麼？」

「總之呢，我現在想躺著看個YouTube喘口氣。」

「那需要花多少時間？」

「這個嘛，看個兩支有興趣的影片應該就夠了，大概半小時吧？」

「好，我知道了。那就先直奔床上吧。」

就像這樣。如果只是隨心所欲地躺著看影片，之後很容易覺得「唉，又浪費掉一段時間了」；但像這樣**確認過自我意志，在自己的同意下選擇了行動的話，即使同樣是躺著看影片，卻也成了一段有意義的時間，不會為此感到後悔。**

確立「自我中心」訓練❹

「接受」並「理解」自己的心聲

在實踐訓練❸並進行自問自答的過程時，有時說不定會自己跟自己吵起來。

感覺就像是面對「好像不太能專心所以想休息一下」的心聲，會想像個老媽一樣反駁「不不不，截稿日就快到了耶」這樣。

這種時候**要讓自己接受「自己的心情」**，貼近自己的心聲，並對「既然變得不太能專心，那就休息一下」表示理解。

如果無法站在客觀立場看待自己，就很難做到這一點，這種時候可以抱持著「把自己當作重要的朋友看待」這樣的想法試試，也就是要試想：「如果朋友這麼說，自己會如何回答？」如此一來，即使本來總是嚴以律己，也能變得溫柔地接受，理解自己的心聲。

就自我肯定感的層面來說，這有著相當重要的意義。

在照顧心靈時創造出「享受當下」的想法

請各位回想一下去旅遊時在飯店迎來的早晨。醒來的時候外頭是一片好天氣，你走到陽臺盡情做了深呼吸，並想著：「那麼，要怎麼享受今天呢？」這種時候，不覺得很雀躍不已嗎？自己心情很好的時候，就算沒有刻意去想，也會浮現**「要怎麼享受？」的念頭**。小時候在放暑假時，是不是每天都抱持著這樣的心情呢？

隨著自我中心確立，變得會去注意「我現在想怎麼做？」並抱持積極正面的心境度過閒暇時間。之後，自然而然就會產生「要如何享受？」的念頭。

想必會變成「既然空出了閒暇時間就要盡情享受！」這樣的心理狀態。

話雖如此，單純只是確立了自我中心的話，就條件來說還是不夠充分。例如在感到疲憊的時候、心情低落的時候、忙到沒有餘裕的狀況下，「想要休息」的心情會比「盡情享受」還更加強烈才是。

所以，平時心靈上的照護不可或缺，**讓自己的心理維持在健康的狀態，是一件非常重要的事情。**

現代人生活在忙碌又資訊量爆炸的環境中，有許多人都很難擠出時間好好照顧心靈，但我認為那跟肌膚保養同等，甚至更加重要。（壓力太大時也會影響肌膚狀態對吧？）

「早上起床時感到神清氣爽」就是心理健康的證據。試著回想看看現在的日常生活，這樣的日子有多少呢？

在此向各位介紹幾種每天都能做到的心靈照護方式，敬請採用適合自己的方法，打造出起床時會覺得神清氣爽的狀態吧。

「享受當下」心靈照護法 ❶

確保睡眠時間

市面上有很多種「療癒商品」，也有各種「療癒自己的方法」，而要說這些事物的目的大多都是為了**「提高睡眠品質」**也不為過。

睡眠期間除了能讓身體休息、調整身體狀態之外，也會進行心靈層面的維護。

潛意識會趁著睡覺的時候，處理當天累積下來的負面情感，所以才會有「遇到討厭的事情心情糟透了，但熟睡一覺之後就覺得神清氣爽許多」這樣的體驗。

壓力大的時候很容易熬夜，這是因為內心會想：「就這樣直接睡覺也太可惜了！我要奪回開心享樂的時間！」以致於明明沒有要特別做些什麼，卻一直將睡覺時間往後拖延。

另外，抱持煩惱的時候也會因為想太多而讓精神太好，遲遲難以入睡，或是因為思考還在運作而造成淺眠。

在沒有充足睡眠的隔天早上，會覺得身體相當沉重對吧？

這種時候可以透過接下來要介紹的方法，在睡覺之前讓心情放鬆到一定程度，一起以深沉睡眠為目標吧。

正確來說「討厭的情感並不是靠頭腦排解，而是在睡覺時由潛意識進行處理」才對。

「享受當下」心靈照護法❷

內心的煩悶在當天就排解出來

生活中會因為工作上遇到討厭的事、跟戀人吵架之類的理由，而產生煩悶的心情。尤其如果從事自己沒有特別喜歡的工作，對這些人來說，上班時間很容易就等同於累積壓力的時間，內心總是煩悶不已。

這樣的狀況持續下去，壓力就會累積到光靠睡眠也難以處理的程度，變成「明明睡了很久卻還是覺得睡不好」的狀態。

可以的話，**煩悶的心情最好還是「就趁當天處理掉」**。

對此我有三個推薦的方式。

（1）將煩悶的心情不假思索地寫在筆記本上

我將這稱作「仇恨本」，就是單純透過書寫抒發煩悶的情緒，讓心情暢快的方法。反正這筆記本也不會拿給別人看，寫完要撕毀也沒關係，所以可以盡情將當下的情緒寫出來。

寫這個仇恨本的秘訣就在於要毫無保留地「將情緒如實寫下來」，這也可以帶來坦率面對自己心情的效果。

另外，不免還是會遇到雖然覺得心情煩悶，但實在不知道該寫什麼才好的情況，這種時候可以試著反覆寫下「感覺好煩」這樣的文字。如此一來，漸漸地就能牽引出「反正就是覺得很討厭」、「氣死人了」、「糟透了」、「再也不想去公司」、「根本不需要那種上司」之類的情緒了吧。

當然，如果理智上否定自己寫下來的話，這麼做就會變得沒有意義，所以要像在聽朋友說話一樣想著「喔喔，原來自己是懷著這樣的心情啊！」並接受這樣的心聲。

(2) 利用社群平臺的「小帳」

仇恨本如果要隨身攜帶會是個負擔，而且總不能被其他人看到，因此比較建議在家中活用。因此，若不在家裡卻又想一吐怨氣的時候，就試著用用看社群平臺吧。當然，要是被別人看到就糟了，務必設定成不公開帳號以保護隱私，這樣就能透過這個管道發洩煩悶的心情。

要利用「手機備忘錄」的功能也可以，不過透過發布貼文的方式，可以得到感覺像在「說給別人聽」的效果。

(3) 定期利用心理諮商

即使現在會作心理諮商的人增加了許多，不過應該還是有很多人對於常態性諮商感到抵抗。但我認為，**心理諮商除了有「醫院」的機能之外，也有「健身房」般的作用**，最適合用來作日常性的心理照護。我想建議各位，不只是在有事情發生的時候，平時也能多加利用心理諮商。

透過向諮商師傾訴的這個行為，不只可以讓心情舒暢許多並得到安心感，也能站在客觀立場審視自己，了解自己當下的狀態。

而且只要想到「下星期二是要去作心理諮商的日子」，無論發生了什麼事到時候再傾訴就好，也就比較不會惡性累積壓力。

我也會對定期接受心理諮商的人說：「一旦有什麼想跟我說的事情，當下都可以直接先用手機備註下來。」

只要像這樣想著「下次作心理諮商時再說就好了」，就不會感到過度消沉，也不會自己想太多。

這會帶來極大的效果，我將這樣的習慣稱為**「心靈安全網」**。

但就算沒有真的預約諮商，光是建立一個「作心理諮商時想傾訴的事」的備忘錄也還滿有效果的，可以的話請各位今天就立刻實踐看看。

「享受當下」心靈照護法❸

注意飲食

壓力太大的時候，總是會忍不住暴飲暴食，或是半夜吃甜食。如果只是偶一為之當作是放縱日，這樣的話倒是沒關係，但如果變成一種習慣，對身心來說都很不健康。

尤其是一般上班族會出現「辦公桌裡一定會放零食」的狀況，或是居家辦公時邊吃東西邊工作，變成一整天下來都在吃東西的狀況。這種情形若是太過頻繁，會對身體狀況帶來影響，所以還是希望各位可以多加注意。

我也是因為經常出差的關係，外食機會因此而增加，所以會盡可能讓自己吃點對身體好的東西，或是進行半日斷食之類，留意自己的身體狀況。

食療的方式五花八門，**可以挑個適合自己的方法，在不會感到勉強的狀況下持續下去**，也就能進而提升睡眠品質。

「享受當下」心靈照護法❹

每天做點輕度運動

跟飲食一樣，讓很多人感到「雖然明白道理但還是很難做到」的事，那就是活動身體了吧。其實只要習慣了，沒有活動身體時反而會覺得渾身不對勁，並且可以持之以恆。但在養成習慣之前會覺得滿辛苦的，對吧？

尤其最近隨著居家辦公的情況增加，想必也有很多人深切感受到運動不足吧。

這件事最重要的是在於要選擇適合自己的方式，**像是健走、伸展運動或瑜伽，或是輕度重訓等，每天在自己能做到的範圍內從事一些輕度的運動，就心理層面來說也非常有效。**

在日常生活中，也可以多走一個捷運站的距離、不搭電梯跟手扶梯改走樓梯等等，時刻留心於做這些能力範圍內的事情。只要持續下去並養成習慣之後，又是一個不讓空閒時間變得無聊的打發時間方式。

「享受當下」心靈照護法❺

身體保持溫暖

最近即使到了夏天，但因為室內冷氣都開很強的關係，應該有許多人是一整年都帶著外套。我也是就算在盛夏時節，還是理所當然地隨身帶上一件西裝外套。

而且現在一整年都能吃到寒性的夏季蔬菜，所以也會因為飲食而讓身體變涼。

溫暖身體具有改善血液循環、提高免疫力等各式各樣的功用，而在心理層面也有**「讓心情平靜下來」、「感覺像被守護著一樣」、「舒緩緊張情緒」、「容易抒壓」這類效果。**

在此向各位推薦一個在日常生活中，輕鬆就能溫暖身體的方法，那就是「泡澡」。高溫的夏季常會只沖個澡就解決了，但若能好好在浴缸裡泡一下熱水，身體會很有效地溫暖起來，溫暖身體也有助於提升睡眠品質。

最近有很多人即使在泡澡時也是手機不離身，但就算只有那一段時間遠離手機也好，盡量讓自己不要動不動就滑手機吧。

「享受當下」心靈照護法❻

每天留點時間做自己喜歡的事

盡可能每天都留點時間去接觸自己喜歡的事情吧，就算一天只有五分鐘、十分鐘，在心理健康方面也會帶來很大的效果。

在做自己喜歡的事情時，就是讓內心感到喜悅的時間。所以，這也能有效抒發每天承受的壓力。

希望那些忙到難以留時間給自己的人，可以更加留心於這個方法。

「享受當下」心靈照護法❼

解放情緒

所謂情緒就是感受到的事物，壓力是一種情緒，暢快跟幸福也是情緒。這樣想想，我們感受到的其實比自己注意到的還更多。

然而心累的時候，也就很難推動情緒，這種狀況下我建議刻意留一段讓自己感受情緒的時間。

所謂感受，說得極端一點可以想作是「笑」或者「哭」。看搞笑節目或喜劇片的時候會笑，看賺人熱淚的電影時會嚎啕大哭，這就解放情緒來說是相當單純而且非常有效的方式。

尤其**「笑」也具有提升免疫力的效果**，論及心靈照護，這堪稱是不可或缺的方法。也有數據指出，一個健康的孩子，一天甚至會笑上幾百次；然而長大成人之後，次數就會減少到只有原本的十分之一。所以**刻意**

養成笑的習慣，能有效照顧到心靈。

順帶一提，人在笑的時候嘴角會跟著上揚，而嘴角上揚這個動作本身就具有營造出幸福感受的效果。在找不到什麼特別值得笑的事情時，就算只是「耶」地揚起嘴角也會帶來效果。

另外，在拙作《早上九點以前給我一分鐘。消除不安，讓心恢復元氣。》（朝9時までに1分間ください。不安が消えて、心が元気になります。暫譯）當中，就一如書名所示，介紹了五十六種能改善一早心情的方法，有興趣的話還請參考看看。

那就來享受當下吧！

只要逐步實踐在此列舉的心靈照護法❶～❹，內心就會恢復元氣，變成抱持「現在要怎麼享受當下呢？」的想法。

當然，對現代人來說，想過著與壓力完全無緣的生活是相當困難的，因此只要維持在一定程度的輕鬆，剛剛好就可以了。

一旦有了「那就來享受當下吧！」的想法，眼前的閒暇感覺就會變成一段無可取代的美好時光。

如此一來點子也會接連湧現，想必就能有意義地活用空閒時間。

在此與各位分享一個利用這個做法度過一段開心時光的自身經驗。

那天拍攝影片的工作原本預計要到傍晚六點才會結束，但由於過程相當順利，四點多就提前完成，距離下一個行程空出了兩、三個小時的時間。

於是我試問了自己：「好啦，接下來要做什麼才會感到開心呢？」那個時候是在澀谷進行拍攝，如果趁著這段時間在改變了滿多的城市裡閒晃，四處探索一下好像不錯；雖然時間早了點，不過到經常去的平價居酒屋看看感覺也滿有趣的；不然提早去下個行程所在的神樂坂，在附近找間咖啡廳處理工作也可以。我一邊想著究竟哪個計畫最有趣的同時，一邊朝著澀谷車站走去。

結果，那時最讓我感到雀躍的計畫是「到飯店 check in 並在房間裡錄製 Voicy[2] 及 YouTube 影片」。由於直到剛才都在拍攝其他東西，情緒還維持在很高昂的狀態；而且先去飯店的話，之後也能很輕鬆地前往神樂坂，讓我覺得這樣的安排好處多多。

作出決定後，我就立刻前往飯店錄製 Voicy 及 YouTube 影片，正好就在我做完這些事情並在房內休息的時候，接下來預計要見面的對象就傳來「我應該會提早抵達，你方便的時候隨時都可以前來會合」這樣的訊息。

這讓我覺得所有事情都順利銜接得剛剛好，便開開心心地回覆對方：「我這就過去！半小時後見！」

後來因為公事討論得很開心便趁勢續攤，更讓我深切體認到，只要作出讓自己心情很好的選擇，事情也會發展得很順利。

雖然這些都是生活中瑣碎的小事，但**順著自己的心情把空間時間用在高興的事情、開心的事情、覺得雀躍的事情上，確實就能引來順利的發展。**

正因為時不時就會碰上這樣的經驗，讓我更是凡事都會先捫心自問「自己現在做什麼會覺得開心呢？」再去選擇要採取的行動。

2. 二〇一六年成立的日本新創聲音媒體，用戶可在平臺上製作、收聽聲音節目，與廣播、Podcast的模式類似。

覺得閒暇是一份恩惠的「人生志業」，是什麼樣的生活方式？

每天用點心確立「自我中心」，並透過心靈照護舒緩壓力，漸漸就能在出現一段空閒的時候找到樂趣。自此延伸，**也就能看見我稱之「人生志業」的「屬於自己的幸福生活方式」**。

所謂人生志業並不只針對「工作」，而是在「家人」、「伴侶關係」、「興趣」、「朋友關係」、「健康」等各方面，基於不同的自我特質所設計出來的生活方式。

我的客戶當中，有很多像是儘管在事業上大有成就，卻因為家庭崩解而懷抱著孤獨；或是明明具備多樣性的魅力，卻因為無法活用而過著無趣的人生的人。他們應該可以過得更加幸福，但不知為何就是辦不到。就連我自己身為諮商師，也曾有過一段明明有著充實的職涯，跟家人之間也維持著良好關係，卻因為燃燒殆盡，不知道自己究竟想做什麼的時期。

那時隨著我重新審視自己的生活，並開始摸索屬於自己的幸福生活方式，更作了各式各樣的研究之後，得出的結論是：如果只有「工作」順遂，那不叫幸福；即使「伴侶關係」是充實的，經濟層面有問題的話，也會讓彼此都過得很不自由；縱然開心地活在自己的「興趣」之中，要是犧牲了「家人」，那也感受不到幸福；說到頭來「健康」很重要，但身邊如果沒有可以談心的「朋友」也是一大問題。

於是這讓我產生**「設計出在人生中各個層面都能追求『有著自我特質』的志向，不就能透過實踐而讓自己過得更幸福了嗎？」**這樣的想法。

漸漸地，這個人生志業、志向設計便成為我的諮商過程或講座中一個重要的核心，直到現在也持續在探究這個議題。

關於這個設計人生志業與實踐的內容，我都統整在《高敏感族活出自我的7日練習：擺脫「以他人為主」的人生》這本著作當中。接下來將以那本書為基礎，再加上一些新的方法，希望可以促成各位讀者找到自己人生志業的契機。

如果對自己的人生志業已經有想像，碰上空閒的時間反而會覺得是一份恩惠，進而安排自己想做或是喜歡的事情。

稍微空出了一點閒暇，是帶給你的一段「自由時間」。

要如何使用這份自由都交由自己決定，無論如何運用都不會有人對此說三道四。既然如此，當然是用得既有趣又開心比較好，而這個想法的源頭正是「人生志業」。

設計出會讓自己感到幸福的人生志業

一旦決定要活出自己的志向，碰上空閒的時間也會更積極採取行動，豐富自己的人生。對每個人來說，幸福的人生志業都各有不同，那就來將自己能感到幸福的人生志業具體化吧。

設計人生志業 ❶

新冠疫情教會了我們什麼？

自二〇二〇年開始擴散的新冠疫情，讓我們的生活型態產生了巨大的改變。

各位的生活跟以前相比，有產生了什麼改變嗎？

隨著世界的變化及自己所處環境的改變，大家想必都思考了很多。像是關於對自己來說什麼才最重要、要如何度過往後的人生、要住在哪裡、怎樣的工作方式才適合自己等等的事情。在此就列舉出幾個變化的事例。

〈三十歲世代夫婦〉以雙方都變成居家辦公為契機，便決定遠離市中心，搬到一處綠地多的鄰近城市。不需要通勤之後，就不覺得居住在都會區還有什麼好處，夫妻倆也因此如願養了狗。

〈四十歲世代男性．上班族〉在新冠疫情前都過著以工作為重，而且經常出差的生活，但在這場疫情中體認到家人的重要性。後來就盡可能居家辦公，與妻子跟小孩一起共度的時間增加，精神上也變得更加安定。

〈三十歲世代女性．業務員〉原本就對公司感到不滿，受不了在疫情時的因應措施又慢半拍，便毅然決然轉職到之前就很憧憬的其他業界。

〈二十歲世代女性〉因為新冠疫情的關係深切體認到單身的寂寞，於是比以前傾注更多精力於尋找結婚對象，幾個月後便邂逅了人生伴侶。

〈四十歲世代男性・公司負責人〉因為新冠疫情的關係，醒悟事業觸礁的事實，於是及早轉換業務型態。利用意料之外減少的工作時間，重新用來思考新事業。

社會上提到新冠疫情，普遍多是強調出負面的部分，但也是有很多人像這幾個例子一樣，藉機重新審視自己的生活方式，並實際採取行動，過上比以前更充實的人生。就算沒有像這幾個例子一樣有這麼大幅的變化以及改善，每個人應該都還是多多少少有重新審視生活型態、更加注重健康、改變工作方式、思考將來的發展等，生活上有出現某些變化才是。

站在放眼未來的角度，仔細想想新冠疫情前後所產生的變化給自己帶來什麼樣的感受，說不定就能看到人生志業的方向了。

設計人生志業❷

如何在「工作與金錢」、「伴侶關係與家庭」、「興趣」之間取得令人舒適的平衡？

所謂人生志業就是指追求「自我特質」，也就是摸索對自己來說最舒適的狀態。

在此請各位想像一下標題裡，占據生活重心的三個領域之間，怎樣的平衡才是自己理想的狀態。

以我的狀況為例，畢竟還是很喜歡工作，所以工作大概占了50％吧。再來，無論如何與家人相處的時間很多，也要做些家裡的事，所以家庭（夫婦）大概占40％。最後，因為比較像是已經把興趣當飯吃了，除此之外還要再接觸其他事情的話，那麼大概是分10％在其他興趣上吧。

如果覺得自己是「為戀愛而生的女人」，分配給伴侶關係的比例說不定會達到70%左右，剩下的部分可能就是工作跟興趣各分一半。

除此之外，也有為興趣而生的人存在；以及雖然不包含在這三者當中，但想必還是會有人覺得「跟朋友一起相處的時間最開心」吧。

單純只是個人期望的理想狀態也沒關係，只要能想像出對自己來說最舒適的平衡，就會成為往後生活方式的一個重要指標。

設計人生志業❸

自己現在都把價值放在哪裡？

更加具體化想像在設計人生志業❷的那三個領域間取得平衡，進而思考自己都把價值放在哪個部分。請試問自己下列（1）～（5）的問題。

（1）現在的日常生活中，都把金錢跟時間花費在哪裡呢？

金錢跟時間都可以視作生活的精力，因此自己下意識會花費金錢跟時間的東西，就是耗費精力的東西，也等同於自己認為有價值的東西。

例如對美容有強烈興趣的人，應該寧願削減餐費也會想買好一點的化妝品，而且一有空就會關注新推出的產品。

可以想想自己除了必要的花費之外，會優先將精力分配在什麼事物上面，就能知道自己下意識認為有價值的是什麼了，那便可能會成為人生志業主軸。

同樣地，也可以**試著回顧過去的人生，列舉出花費了「金錢與時間」的東西。**

像我就是在心理學跟講座方面花費最多，除此之外我也知道自己分配了很多金錢與時間在家族旅行上面。另一方面，對於一般男性會感興趣的車子則是幾乎沒有花費到，也鮮少接觸時尚穿搭，所以同樣沒有傾注多少精力。

（2）安排行程的時候會以什麼為優先？

有不少人的情況是仔細想想後才發現，自己實際上是以其他事情為優先，而不是以自己所想的最優先事項為主。

例如一個每星期一要上外語課程、每星期三要去做瑜伽的人，他下定決心這兩天絕對不要加班。由於將來希望可以移居海外，而且身體本來就不是很健康，所以必須要有外語課程以及做瑜伽這段運動的時間，因此這兩項的優先程度會比工作還高。

這時應該有人會察覺「在剩下的時間裡，其實比較想與家人共度，但無論如何都會下意識以工作為優先」這般「內心的矛盾」。如果察覺到這點就是一大機會，往後只要以「跟家人相處的時間為優先」去調整分配給工作的時間，就會是設計出自己人生志業的一大助力。

（3）通常會不經意看到的是哪方面的資訊？又是怎樣的內容？

只要打開手機，就會透過某些方式看到各種資訊。就算不看新聞網站，也會出現別人在社群平臺上發布的貼文，或是YouTube推薦的影片，只要是不經意看到的資訊，就代表那是你現在可能感興趣的事情。

我們會**下意識篩選看見的資訊並注意到其內容**。假設是有在做投資的人，自然就會注意到企業報表跟世界情勢等新聞；如果是美食家，就會被那些發布在社群平臺上的餐廳食記吸引。

這樣的情形不僅限於在手機上發生，像是不經意聽到他人對話的內容、走在路上看到的招牌、在便利商店裡無意間看到的雜誌之類，都是在告訴你自己感興趣且在意的事情。

只要去留意自己平常會不經意注意到什麼東西，就會知道自己都把價值放在哪些地方。

另外，只要利用這個會下意識選擇資訊的機制，也能知道自己想做的是什麼。可以隨意進到書店晃晃，並走過所有分類的區域，如此一來應該會注意到吸引自己的書名跟領域。你的目光可能會停留在至今完全不感興趣的手工藝類別書籍，或是被獨特的裝幀吸引……

這就代表在你的潛意識之中，現在說不定正是對這個領域感興趣。**像這樣在書店找出潛在興趣，是透過手機辦不到的事情**，請各位務必把在意的書拿起來翻閱看看。

（4）你所憧憬的對象都是具備什麼特色的人呢？那些人又是過著怎樣的生活方式呢？

自己憧憬的對象，大多都可以說是能夠給自己的人生志業一些啟發的人。（但比起單純的崇拜，有時也會出現夾雜想像、義務感及對自己的期待等不純粹的狀況，因此必須自己看透這方面的情形。）

像我從小就對於能夠自由地做著自己喜歡的事，但同時也很珍惜家庭的那種人。具體來說，我一直以來都很崇拜所喬治[3]先生，更會期望自己也能過上那樣的生活方式；另一方面，雖然我喜歡工作，但像商務人士那樣俐落能幹地在第一線工作的生活就不太吸引我。

而且自從開始寫書之後，就夢想能過著在有大自然環繞的寬敞書房裡寫作的生活，時而在庭院點個篝火，時而下廚料理，對於像是作家林望老師或精神科醫師越智啓子那樣的生活型態抱持憧憬。

綜合這些人物的生活方式，就是現在的我所追求的人生志業。

那麼，各位又是如何呢？

（5）在現在的生活中，想再多分配一點時間給什麼事情呢？

這在對於（2）的問題中給出的答案也能相通，但各位有沒有過「如果能有更多時間做○○就好了」這樣的想法呢？當然，感到疲憊的時候應該會想「真想多睡一下」，但還是希望各位在這個○○當中可以填入其他讓自己感到雀躍的事情。

像是「想要有更多時間閱讀」、「想空出更多時間鍛鍊身體」、「想要有個機會學習下廚料理」、「想在沖繩待更久」之類。

順帶一提，剛才這些都是我自己的願望，也正是我給現在的自己的人生志業主題。

話雖如此，要注意的是，這些欲望並不一定都會成為人生志業的一環，有些時候只是為了消除心中欲求不滿的感受。**只要沒有「實際做看看」，就無法判斷那是不是自己真的想做，而且想把價值放在那邊的事情。**

所以現在的我會將「增加閱讀時間、確保鍛鍊身體的時間、增加下廚機會、多在沖繩待幾天」稱為該去安排的課題。

當這些事情經過實踐之後，如果認為那確實是自己人生志業中的一環，應該就會想辦法持續下去，或是以某種形式參與其中吧。

另一方面，如果那其實是被自以為的想像等所影響而作出的決定，

3. 所ジョージ，日本知名資深主持人、喜劇演員，以重視樂活人生與家庭活動聞名。

中途就會開始覺得無聊，漸漸就會不想再持續做下去才是。如此一來，就要再作一次選擇了。

可以捫心自問：「這真的是我想做的事嗎？」有些時候其實是真的想做，只是做法不適合；但也有可能不是真的想做，只是基於義務感持續下去而已。

經過這樣的實驗之後，**順從自己內心的欲望會留下來，儘管還沒有很清晰，但也能漸漸看到人生志業的輪廓。**

設計人生志業❹

現在理想中的住家是怎樣的格局？

想到這裡，你人生志業其中的規劃與價值所在，可以透過「理想住家的格局」反映出來。

若主要都在居家辦公的人，應該會想要一間書房；想招待重要的人跟朋友來家裡的話，想必希望客廳、飯廳可以寬敞一點吧。喜歡時尚的人一定要有個衣帽間，也會有人希望可以有間跟自己興趣相關的房間；有人會想在庭院裡弄個家庭菜園，喜歡車子的人也會對車庫很講究才是。

我曾經在研討會上以及個人諮商的時候提出過這個問題，客戶中有一對過著兩人生活的夫妻，雖然順利劃分出了各自興趣相關的房間，但先生給妻子看了平面圖之後被指出：「老公，你沒有隔出浴缸耶！而且廚房也太小了吧！」他便害羞地說：「這麼說來，其實我不太喜歡泡澡，也重新體認到自己很不擅長料理。」

不需要是現實狀況，只是「夢想格局」也沒關係。可以的話，請留意一下從窗戶看出去的景色，想必能夠從而得知自己是想住在都會區還是鄉間小鎮。

像這樣，可以**從理想中的格局看出自己想要怎麼活下去**，請各位務必花點時間試著畫看看。

設計人生志業❺
老實寫出喜歡或討厭、擅長或不擅長的事

規劃人生志業時，必須重視是否有老實面對喜歡的事情跟討厭的事情。其實有很多事情都是「雖然不喜歡但非得去做」，以及「雖然喜歡但現在沒時間，只好晚點再做」。無論是上述何者都會帶來壓力，壓迫我們的內心。

另外，擅不擅長也是一個重要的因素，當中說不定有些事是「雖然不喜歡但是擅長」，有些則是「雖然不擅長但是喜歡」。

後天學會的技能可以算是「擅長」的事情，無論喜不喜歡，只要有

「辦得到的事」，就會有「既喜歡又擅長的事」。

另外，一講到「雖然不擅長，但畢竟是工作，因此逼不得已才做的事」，各位應該也都心裡有數吧。像我相當「不擅長」處理行政事務，所以這方面的事情全都仰賴團隊人員的協助。

那麼，就來寫下自己喜歡跟擅長的事情，整理一下吧。

（I）既喜歡又擅長的事情是什麼呢？

（II）喜歡但不擅長的事情是什麼呢？

（III）雖然討厭但做得到（擅長）的事情是什麼呢？

（IV）既討厭又不擅長的事情是什麼呢？

請參考下一頁的表格並依照「工作」、「家族與伴侶關係」、「興趣」、「交友關係」、「健康」等分類，各自寫下這四個項目的內容。

填完表格之後，就做成雙軸意向圖表吧，這樣想必更是一目了然。

範例表格

※各個分類都請做出像這樣的表格跟圖表。

（I）既喜歡又擅長的事情是什麼呢？	
（II）喜歡但不擅長的事情是什麼呢？	
（III）雖然討厭但是做得到（擅長）的事情是什麼呢？	
（IV）既討厭又不擅長的事情是什麼呢？	

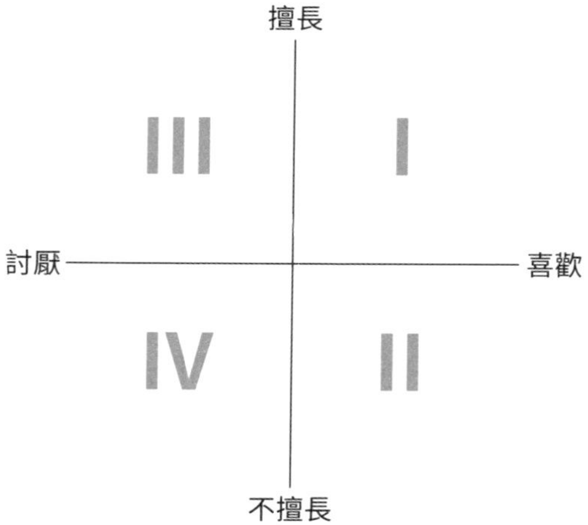

那麼，在各個分類中寫下符合（Ⅰ）要素的事情之後，應該就能知道自己平常應該要在哪些部分傾注精力了。

這時就要在各個項目訂定方針。

項目Ⅰ：應該傾注更多精力的事情。

項目Ⅱ：今後可能會漸漸成長的事情，在此傾注精力，並以接近Ⅰ為目標。

項目Ⅲ：最難處理的部分，如果想朝著Ⅰ靠近，要再傾注更多精力也是可以；但既然對此抱持厭惡感，倒不如把這一塊的事情交接給別人處理，自己就不要再碰了。

項目Ⅳ：應該立刻放棄的壓力來源，思考一下「有沒有什麼辦法可以不要去做？能不能交給其他人處理呢？」比較好。

有些狀況應該很難立刻實現，不過尤其是會成為壓力來源的Ⅲ跟Ⅳ，最好還是朝著盡早放棄的方向思索比較好。

但面對III確實很難處理，也很容易受到束縛。

像在準備轉職時，容易把重點放在自己擅長（做得到）的事，而非自己喜歡的事情上面。就算明白那是自己不太喜歡做的事，也會想著「但那就是自己的技能」並無視自己的心聲。

但其實容易因此累積壓力，所以還是謹慎處理屬於這個類別的事情比較好。

設計人生志業❻

長年以來抱持的苦惱及問題是怎樣的事情？

心理學上有著「才華隱藏在問題的背後」這樣的說法，所以**長年以**

來苦惱的問題，其實正表示出自己的才能所在。

這樣講各位或許無法立刻理解，所以在此補充說明一下。

說到頭來，**會感到煩惱、會想太多的那些事情，都是對自己而言最重要的事**吧。

例如，各位覺得誰會因為阪神虎隊表現不佳而抱頭苦惱呢？當然就只有阪神虎隊的球迷對吧。正因為對那些人來說，阪神虎隊是很重要的存在，所以如果他們沒有打出好成績心情就會不好，也才會因此而苦惱。說穿了，換作是對棒球不感興趣的人就不會有這個煩惱，應該也無從理解這個煩惱。

再試問，「跟丈夫之間的關係不太好」或是「就算去相親也邂逅不到好的對象」等，對苦惱於這些事情的人來說，什麼是最重要的呢？

換句話說，我們**不會苦惱於「對自己來說無所謂的事情」，只會對重視的事情抱持煩惱。**

那麼，接著就來介紹幾個實際案例。

A長年受到異位性皮膚炎所苦，為了解決這個問題，她嘗試了各式各樣的方法之後，得知一款在海外生產的美容乳霜，結果多虧這項產品讓她的異位性皮膚炎狀況漸漸好轉。後來她就活用自身經驗經營起美容沙龍，開始協助同樣受到異位性皮膚炎所苦的人。

而B則是從小就看著父母為錢所苦，當他長大、有辦法自己賺錢之後，也不幸地總是會伴隨一些經濟上的問題。這時，他決定認真面對金錢，從小額開始接觸投資、進而創業，現在則是過著相當富裕的生活。

我自己在二十幾歲的時候因為工作苦惱不已，後來也常煩惱關於金錢以及戀愛的事情。但我想方設法解決這些問題，並在心理學中找到答案，這個結果讓我現在不僅得以提倡設計人生志業，也被認為是一位強項在於伴侶關係問題的諮商師。

長年以來苦惱的問題，對自己來說不但是很重要的東西，與此同時更會為了解決那個煩惱去做各式各樣的嘗試。

為了解決自己的問題，A就去研究美容，B則是學習投資理財，而我也投身於心理學當中，就結果來說也解決了煩惱。

各位自己本身或是在各位身邊，應該也能找到一、兩位是像這樣，最後活用起長年抱持的煩惱的人吧。

因為面對長久以來苦惱的問題，也只能硬著頭皮深入研究那一塊領域。有時候這麼做的結果，便是讓那件事成為自己的事業及收入來源。

但也不一定要以此為業，像是另一位與A有著同樣經驗的客戶，就是在從事其他工作的同時，免費陪同同為異位性皮膚炎而苦惱的人一起討論、解決這個問題。

換句話說，**在長期煩惱的慢性問題背後，正隱藏著自己的才能。**當然，不知道這一點的人或許不相信那是一種才華，但請把這視為單純沒有用對方法做事而已，必須找到能夠活用自己能力的方式。

所以說，如果各位也有長久以來煩惱的事情，請試著以「在那背後隱藏著某種才華」為前提，去思考一下那究竟是什麼。

或許這真的很難靠自己一個人找出來，但我想只要活在自己的人生志業中，一定可以發現重大的提示，因此希望各位可以花點時間仔細思考一下。

設計人生志業❼

你想在自己的墓碑上刻下怎樣的墓誌銘？

所謂「墓誌銘」，我想應該有人知道，像是國外會在墓碑刻下「為了深愛的家人而活的男人，在此永眠」之類的話，這段諮商內容就是要請各位想想這件事。

請認真思考一下，當自己離開人世之後會希望墓碑上刻著怎樣的話。

根據這個回答，應該就能看出你「想度過怎樣的人生」了。

我也是想過並重寫過好幾次，現在這個當下我希望能在墓碑刻下的話是這個：

「愛人，也愛自由，不斷給許多人帶來喜悅與希望的男人，在此永眠。」

這句話既是我身為諮商師的原則，也可以說是我每天生活上的座右銘。

只要看到這句話，就讓我覺得自己也能跟著抬頭挺胸並湧上幹勁，為了時不時就拿出來看一下激勵自己，我便悄悄收在記事本的夾層裡。

設計人生志業❽

設計自己的人生志業

透過到目前為止的每一項課題，各位應該都能漸漸看出，對自己來說什麼才是最重要的、會將價值擺在哪裡、喜歡什麼、討厭什麼、具備怎樣的才能，又想度過怎樣的人生。

在實踐這些課題的過程中，請自由地將察覺到以及了解到的事情統整起來，這就是人生志業設計。

這麼做之後，說不定會苦惱於「現實」與「理想」之間的差距。

然而，**有著這一段差距，也可以說是你具備了很大的可能性。**

而且規劃人生志業這個行動與年紀無關，請不要因為「自己都一大把年紀了」就不去面對這件事情，只要去尋找可以從現在開始做的事，往後的人生也就更能活出自己的特色。

當多多少少能看到「自己想活出怎樣的人生？」、「怎樣的人生才有自己的特色？」這些問題的方向之後，內心是否就漸漸覺得雀躍起來了呢？

或許也會浮現「真的有辦法做到嗎？」這樣不安的心情，但難道不也會覺得「如果可以活出這樣的人生就太棒了」嗎？

這樣積極正向的心情，正是設計人生志業的第一步。

活出有自己風格的人生志業

設計好人生志業，也看見能活出自我的幸福生活方式之後，說不定會產生「得立刻採取行動」的焦躁感。

但我認為在那之前還有一項該先做好的重要過程。

首先，要把「活出自我的人生志業」放在心上。

實踐人生志業第一個該做的步驟，就是決定「從今天開始，要活在自己的人生志業之中」。

也就是要對自己宣誓，往後都要**對自己坦率，並活出自我。**

如此一來我們就會先改變「想法」。

在想法還沒改變的狀態下即使貿然採取行動，也無法持續太久。換句話說，「改變想法」就是要「有那個意思」。

重點不是在於提起「幹勁」，而是產生那個「念頭」。

為了讓自己產生那個念頭，就要每天想像一下前面「設計人生志業❽」中提及的生活方式。我建議各位可以把那寫成一個「人生志業故事」，簡單來說只要能讓自己產生雀躍的心情，怎樣的方法都可以。

單純想像自己的人生志業並感到雀躍，內心就會漸漸「有那個念頭」了。

這時，經常會出現不安、恐懼以及不信任感之類的情緒，但只要想著「可是，自己還是想度過這樣的人生」就沒問題了。那種不安的感受會慢慢消失，漸漸地就會覺得「自己就是要這樣生活」，得到類似無條件認定的確信。

我認為這段過程，在活出自我的人生志業中是最重要的一環。建議各位直到自己真正有那個意思之前都不要採取行動，只要一味地想像活出自我的人生就好。

然後，就開始活在人生志業之中。

有著那樣想法的人「自然而然」就會想採取行動，**甚至會想趕快行動到坐立難安的地步**。

產生這樣的心情時，就試著捫心自問「現在能做到什麼事情？」吧。

突然間就要去做一件大事的話很快就會碰上挫折，所以重點在於要去想「現在能做到的事」。

例如「我知道自己想讓生活過得簡單一點，所以就先從清掉房間裡不必要的東西開始吧」，只是像這樣的事也可以；或者「既然我想建立起自己覺得舒適的人際關係，就跟那些勉強來往的人保持距離好了」、「我還是很喜歡外國生活，所以再繼續去上之前中斷的英語會話課程吧」之類的都很棒。

順帶一提，當我成為自由諮商師的時候，就在心裡發誓「不擅長的行政事務就委託別人處理吧」、「為了能更自由地工作，行程盡量不要排得太滿比較好」、「每天都要好好重視自己的心情，不斷尋找讓自己感到舒適的事情」等等。

當你覺得這些事剛好都是自己做得到的程度，也發現一旦開始實踐之後，心境就變得截然不同的話，這樣各位也已經是活在自己的人生志業之中了。

一旦有了人生志業，閒暇時間就會全部貢獻給它

假設在自己描繪的人生志業中，出現「跟家人及大型犬一起住在靠海而且被大自然環繞的地方，可以自由地在家工作，同時享受每一天」這樣的要素。

可是現在不但住在市中心、也沒有養狗，而且每天都要通勤上班，在家工作這種事感覺就像遙不可及的未來。

然而已經下定決心要活出這番生活規劃的你，一有空閒就會看看房子，也會在 Instagram 上找想養的狗來看，並把時間用來思考有沒有什麼想做的事是可以利用自己的技能，藉以實現在家工作的目標吧。

這樣的狀況**豈止不會覺得空閒的時間無所事事，說不定還會為了確保擁有這樣的時間，而想辦法空出閒暇。**

如此一來現在工作的效率會跟著提升，再也沒有一邊滑手機耍廢虛度的時間，應該也會想在現在的生活中作出各式各樣的改變才是。可能還會產生「至今都提不起勁去認識結婚對象，但還是再認真挑戰看看好了」的念頭吧。

於是現在的生活就因為描繪出人生志業而為之一變，還會變成樂於為此貢獻出空閒的時間。

到了那個時候，你可能還會懷念那段在閒暇時無所事事的時光，也會為了那幅令自己感到雀躍的未來，接連湧現想做的事情吧。

後記

非常感謝閱讀到最後的各位。

人們過著忙碌生活，不覺得幸福是理所當然的事。但即使我們空出了閒暇，只要沒能有意義地利用那段時間，還是不會覺得幸福。

所以我才會自己研究出能夠積極正向地看待「閒暇」，進而有效活用的方法，並透過本書介紹給各位。從研究「何謂閒暇」開始、想太多的理由，還有為了抽離那樣的狀態要如何秉持自我中心的方法，直到能夠有效利用閒暇時間而設計出人生志業為止，談論的主題非常廣泛。

在寫這本書的同時，我經常回想起閒到無所事事的學生時代，以及時間上明明還有餘裕，卻想太多的上班族時代的自己。總覺得好像是寫給那個時候的自己看一樣，書中的內容對於當時的自己來說實在是針針見血，說不定看到一半就會摔書（苦笑）。所以我想溫柔地對那時的他說：「等到再成熟一點，要認真思考自己的人生時，請再次翻開這本書看看。」

同樣地，如果覺得這對現在的自己來說有點太難了，請想著「算了啦」並留到以後再看吧。等到時機成熟時，這本書想必會再次受到你的注目，希望屆時你就能繼續看下去。

就算是曾幾何時不知道該如何利用空閒時間，只會東想西想的我，在那之後也找到了自己想做的事及夢想，並過上逐一實現的人生。而且變得一碰上空閒時間，就會開開心心地詢問自己：「現在要怎麼享受當下呢？」並站在主導立場選擇自己要採取的行動。

如果多多少少有將這種幸福的心情傳達給閱讀本書的各位讀者就太好了，同時也很期望大家可以度過這樣的每一天。

本書受到許多人的支持才得以順利出版，同時我也想向打從我還是個情緒不穩的上班族時，就一直支持著我直到現在的妻子，獻上這一本書以及感謝。

二〇二二年六月　在妻子的生日這天，於自家的書房裡

國家圖書館出版品預行編目資料

好好放鬆：打造幸福感的閒暇練習 / 根本裕幸 著；江宇婷 譯. -- 初版. -- 臺北市：平安文化有限公司, 2024. 04
224 面； 21×14.8 公分. --（平安叢書；第 0794 種）
(Upward ; 154)
譯自：忙しすぎて辞める人。暇すぎて病める人。
ISBN 978-626-7397-33-6(平裝)

1.CST: 生活指導 2.CST: 休閒心理學

177.2 113003456

平安叢書第 0794 種
UPWARD 154
好好放鬆
忙しすぎて辞める人。暇すぎて病める人。

作　　者—根本裕幸
譯　　者—江宇婷
發 行 人—平　雲
出版發行—平安文化有限公司
臺北市敦化北路120巷50號
電話◎02-27168888
郵撥帳號◎18420815號
皇冠出版社(香港)有限公司
香港銅鑼灣道180號百樂商業中心
19字樓1903室
電話◎2529-1778　傳真◎2527-0904
總 編 輯—許婷婷
執行主編—平　靜
責任編輯—陳又瑄
美術設計—嚴昱琳
行銷企劃—謝乙甄
著作完成日期—2022年
初版一刷日期—2024年04月

法律顧問—王惠光律師

讀者服務傳真專線◎02-27150507
電腦編號◎425154
ISBN◎978-626-7397-33-6
Printed in Taiwan
本書定價◎新臺幣340元/港幣113元